第3版刊行にあたって

　本書は平成24年に初版が発刊され、その後平成29年度の税制改正時に見直しを行い、現在に至っていました。

　令和3年3月11日最高裁で資本の払戻しにより減少した資本剰余金の額を超える払戻等対応資本金額等が算出される法人税法施行令の規定は法律の委任の範囲を超えた違法な規定である旨の判決が下され、その判断に基づき令和4年度税制改正で資本の払戻しに係るみなし配当の計算規定が改正されました。

　今回は、第2版刊行後の改正事項及び令和4年度の改正を反映するため、本書の見直しを実施いたしました。

　本書が企業の経理担当者や職業会計人の実務に少しでもお役に立てればこの上ない喜びです。

　最後に本書の改訂に当たり、ご尽力いただいた株式会社税務研究会出版局の担当諸氏に心から御礼申し上げます。

　令和4年10月　　　　　　　　　　　　　　　　　　　著　　　者

改訂にあたって（第2版）

　本書は平成24年に初版を発刊しましたが、その後平成27年度税制改正で受取配当益金不算入制度が見直しされ、みなし配当の範囲に投資法人の出資等減少分配が含まれることとされました。

　また、平成29年度税制改正で組織再編税制にスピンオフが創設されたことから、非適格のスピンオフについてはみなし配当の対象とされました。

　更に、平成30年度税制改正で無対価再編に関する規定の見直し等が行われたことから、無対価再編が行われた場合のみなし配当の規定についても法令上の規定の明確化がされました。

　今回の改訂にあたっては、これらの改正を踏まえて見直しを行いました。

　本書が、企業の経理担当者や職業会計人諸氏の実務の少しでもお役に立てればこの上ない喜びです。

　最後に本書の改訂にあたりご尽力していただいた株式会社税務研究会出版局の担当諸氏に心からお礼を申し上げます。

平成30年6月　　　　　　　　　　　　　　　　　　　　　著　　　者

はしがき（初版）

　法人の利益は最終的には個人株主に帰属し、その帰属時点で所得税が課税されます。

　法人利益の個人株主への帰属については、一般的に配当手続により行われます。会社法ではこの配当手続を剰余金の配当と称しています。

　この配当は、企業が株主から拠出された元本（資本）を基に事業活動をした結果得た利益を配分するという考え方に立っています。

　しかし、利益の配分に限らず会社財産を株主等に帰属させる手法は多々あり、それによって実質的に配当と同様の効果が期待できるもの、又は実質的に配当と認められるものがあります。

　そこで、本来の配当ではないが実質的に配当と認められるものについて税法では「配当」として取り扱うこととしており、これを「みなし配当」と称しています。

　このみなし配当制度は大正9年からありますが、古くは超過払戻し部分をみなし配当として捉えていました。その後利益の資本組入れなど株主への払戻しはないが実質的に株主に払い戻したと同様の効果が生じているものをみなし配当とするなど、その時々において多少制度に変更がありました。

　現在は、平成13年度税制改正により株主への会社資産の払戻しを前提としてみなし配当課税を行うという考え方の下に法制度が整備されています。

　本書は、みなし配当制度やみなし配当に関連する税法規定を一体的かつ系統的にまとめて解説し、企業の経理担当者や職業会計人諸氏の実務に役立つことを目的としました。

　なにぶん、時間的な制約等により不十分な点につきましては、今後読者諸氏のご意見等を得て、さらに充実したものとしていきたいと考えています。

　最後に、本書の刊行に当たりお世話になった株式会社税務研究会出版局の担当諸氏に心よりお礼を申し上げます。

平成24年9月　　　　　　　　　　　　　　　　　　著　　　者

目　　　次

―――――――――― 凡　　例 ――――――――――

法法……法人税法	法基通……法人税基本通達
法令……法人税法施行令	措置法……租税特別措置法
法規……法人税法施行規則	

本書の内容は令和4年4月1日現在の法令・通達によっています。

第 1 章

みなし配当の意義

法人税の基本的な考え方である法人擬制説によると、法人の利益は最終的には株主である個人に配当として分配されるから、個人株主に分配された時点で所得税を課税すればよいとする考え方があります。

　しかし、法人がその株主に獲得した利得の一部を配当等として分配した場合には、その分配は資本等取引とされ（法法22⑤）、支払配当金の額はその法人の損金の額とはならず、個人が受取配当等について所得税の課税を受ける時点では既に法人税が課されているため、個人における税額調整として配当控除制度が設けられています。

　一方、法人が受ける配当等については企業会計の考え方からすれば収益とすることになりますが、法人の株主が重畳的に法人であるときは、一の利得に対して何重にも法人税が課税されることになります。そこで、法人株主が受ける配当に対しては二重課税を排除する意味で、受取配当等の額を益金不算入とする制度が設けられています。

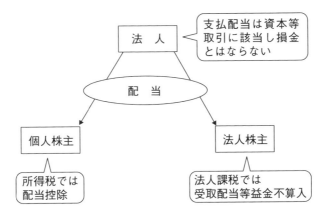

　ところで、会社法第453条では、株式会社はその株主に剰余金の配当をすることができるとし、剰余金の配当をした場合の株主資本の額については、資本剰余金と利益剰余金のどちらから配当を行うかはその法人の意思によることになっています。つまり、法人税法第23条第1項第1号では「剰余金の配当（株式等に係るものに限るものとし、資本剰余金の額の減少に伴うもの並びに分割型分割によるもの及び株式分配を除く。）…の額」を配当等の額とし、利益

剰余金を原資とする剰余金の配当を配当等の額としているのに対し、会社法における剰余金の配当は利益剰余金と資本剰余金のいずれを取り崩すかは自由となっています。

　法人が留保利益を自己株式の取得などにより株主に帰属させたり、資本剰余金を株主に分配する場合がありますが、実質的に利益剰余金の一部が株主に帰属する又は帰属したとみるのが相当な場合があることから、会社財産が株主に分配された場合には、その分配原資や分配手続の違いがあったとしても、利益剰余金を原資とする剰余金の配当として分配した場合と同様に取り扱うことが課税の公平の観点から必要と考えます。

　また、合併や解散による残余財産の分配の場合には、当初の払込資本の金額を超える払戻しがあることから、超過払戻し部分の金額を利益の配当と同様に位置づける必要があり、古くからみなし配当の対象としていました。平成13年の旧商法の改正により認められることとなった分割型分割の場合も、超過払戻しとなる部分の金額については合併と同様の事象が生ずることになります。

　そこで、法人が一定の事由によりその株主に対して会社財産を分配する場合、具体的には、その払戻し事由に応じて利益部分の払戻しと資本部分の払戻しとに区分し、実質的に利益部分の払戻し部分と認められるものについてはみなし配当とすることとされています。

　なお、平成13年税制改正前は、株主等へ会社財産の分配がない場合であっても利益剰余金が株主に帰属した場合として株式の利益消却や利益の資本組入れの場合もみなし配当の対象としていました。しかし、平成13年税制改正により法人がその株主等へ金銭その他の資産の交付を行った場合に限りみなし配当とすることとし、株主等へ金銭等の払戻しがないとき（利益の資本組入れや欠損補填のための資本剰余金の取崩しなど）は税務上の資本金等の額と利益積立金額に何ら変動がないものとし、みなし配当課税を行わないこととされました。

　これは、組織再編税制により税務上の資本金等の額が会計上の資本剰余金とかい離することが多々生ずる状況になったことから、これを税務上厳格に管理することで対応できるようになったためです。

みなし配当の
歴史的経緯

1 みなし配当の歴史的経緯

　直接税においては、最終的には個人所得税をもって補捉する考えが基本です。そして法人における所得は最終的にその株主である個人に帰属するという考え方が古くからあり、法人の所得に対する課税は、その所得が配当等として個人に帰属するまでの暫定的な課税であるとする一種の擬制的な課税の形態として捉える考え方があります。そのため、配当として個人に帰属した法人所得については二重課税調整を行う必要があることから、個人所得の計算において配当控除を行うこととされています。そこで、法人から株主である個人への財産の分配が払込資本の払戻しであるのか利益の分配であるのかを区別することが重要となります。

　このような観点からみなし配当の制度は大正9年に始まりました。

　当時のみなし配当は、社員の退社や株式の消却において出資金額を超える金額が払い戻されたときに、その超過払戻金に相当する金額を配当とみなすとされていました。

　その後昭和40年の法人税法の全文改正により平成13年改正前の規定に近いみなし配当の制度が整備されました。

　そして、平成13年の組織再編税制の創設に併せて現在のみなし配当の規定となっています。

　平成13年改正前のみなし配当においては次の⑴及び⑵のようになっていました。

> ⑴　法人の株主が、発行法人から次に掲げる金銭その他の資産の交付を受けた場合において、その金銭等の額が交付の基因となった株式等の帳簿価額を超えるときは、その超える部分の金額のうち発行法人の資本等の金額（資本金と資本積立金額の合計額）からなる部分の金額以外の金額

をみなし配当とすることとされていました。

① 発行法人の資本若しくは出資の減少又は株式の消却により交付される金銭その他の資産

② 法人からの退社又は脱退により持分の払戻しとして交付される金銭その他の資産

③ 法人の解散により残余財産の分配として交付される金銭その他の資産

④ 法人の合併により交付される金銭その他の資産

　上記により金銭やその他の資産の交付を受けたときは、交付を受けた金銭や資産の時価と保有している株式等の帳簿価額を比較して、帳簿価額を超える部分の金額をみなし配当とすることとされていました。

　この場合、①から③までの事由による金銭等の交付が2回以上にわたって行われた場合には、まず、資本等の金額から金銭等が交付されたものとして計算し、また、上記④の場合において合併法人の株式が交付されたときは、その株式は時価で評価せず額面（無額面株式の場合には、合併により増加した資本の金額又は新設合併の場合には設立時の資本の金額）で計算することとされ、実質的には含み損益を繰り延べる仕組みとなっていました。さらに、合併に際して被合併法人の株主等に最後配当として交付される金銭等は利益の配当そのものとして取り扱い、みなし配当等の対象とはしないこととされていました。

　これらの規定によるみなし配当の額は、株主における投資簿価を超える払戻しの額を捉えてみなし配当とするもので、発行法人の利益剰余金の額と連動しない場合が生じます。

　つまり、額面払込みをしている株主にあっては、税務計算上のみなし配当の額と利益剰余金の額とが連動しますが、発行法人の純資産が下落したときに額面以下の金額で株式を取得していた場合には本来株式の値上がりによる利益に相当する金額もみなし配当となり、逆に純資産が高いときに額面を超える金額で株式を取得していた時は、本来利益剰余金の払戻しに相当する金

額であってもみなし配当とはならないということになります。

(2) 発行法人に次に掲げる事実が生じたときは、その金額のうち事実が生じたときの株式に対応する部分の金額をみなし配当とすることとされていました。

① 利益又は剰余金をもってする株式の消却が行われた場合に、消却した株式に対応する資本の金額（その金額が消却に充てた利益又は剰余金の額を超えるときは利益又は剰余金の額を限度とする）

利益をもってする株式の消却では、発行済株式が減少するものの資本等の金額に変動はなく消却されなかった株式の価値が上昇することになります。そのため、実質的に一種の配当を受領したのと同じことになります。

② 利益積立金額の資本又は出資への組入れが行われた場合の資本又は出資に組み入れた利益積立金の額

利益の資本組入れが行われても株式の価値そのものには変更がないものの、本来であれば利益配当したうえでその配当金を原資として再度払込みをしたのと同様の効果があることから、実質的に配当を受領したものと捉えていました。

③ 解散による残余財産の一部分配が行われた後にその法人が継続又は合併した場合には、残余財産の分配が資本等の金額からされたものと計算した分配後の資本等の金額が継続又は合併に際して資本等の金額として貸借対照表に計上されている金額に不足する場合のその不足額

残余財産の分配の場合には、分配額がまず資本から払い戻されたものとしてみなし配当の額を計算します。しかし、その後継続等された場合には資本

等の金額がそのまま温存されることから、残余財産の分配により払い戻された部分のみなし配当の計算を利益優先で行われたものとして再計算するという趣旨です。

2 平成13年度以降における改正

(1) 平成13年度改正の内容

平成13年度税制改正で組織再編税制が創設されましたが、それに併せてみなし配当の規定が見直されています。

旧商法における会社分割制度が創設され、合併により被合併法人の旧株の全部が合併法人株式に変更されるのと同様に、分割型分割が行われた場合にも移転部分に対応する分割法人株式が分割承継法人株式に変更されることになります。そこで、みなし配当事由に分割型分割が行われた場合も付け加えられました。ただし、適格合併や適格分割型分割の場合には、移転資産の譲渡損益を繰り延べるとされたことと整合的に取り扱う必要性から、適格合併や適格分割型分割の場合にはみなし配当課税を行わないこととされました。

また、従前から株主に対して現実に財産の払戻しをしない株式の利益消却や利益の資本組入れなどはみなし配当の対象としていましたが、平成13年度の改正において株主に対して会社財産の払戻しがない場合のみなし配当を廃止しています。これに併せて、税務上の資本金等の額及び利益積立金額を明確に管理することとし、例えば利益の資本組入れがあっても税務上は資本剰余金が資本に組み入れられたものとして利益積立金額を計算することとし、法人税確定申告書（具体的には別表五(一)の利益積立金額及び資本金等の額の計算に関する明細書のⅡ資本金等の額の計算に関する明細書の欄）で資本金等の額を明確に管理できる仕組みとしています。

(2)　平成27年度改正の内容

　投資法人の金銭の分配については、それが配当に該当するか資本の払戻しに該当するかについて、実務的な解釈で対応してきた経緯があります。

　平成27年度税制改正で受取配当益金不算入制度の見直しがされ、投資法人に関する法令の整備が行われたことから、投資信託及び投資法人に関する法律第137条の金銭の分配（出資等減少分配等を除く。）の額が受取配当益金不算入制度における配当等の額とされ、そこから除かれた出資等減少分配は資本の払戻しとしてみなし配当の対象とされました。

(3)　平成29年度改正の内容

　平成29年度税制改正で、いわゆるスピンオフが組織再編税制に組み込まれたことから、完全子会社株式のスピンオフを株式分配とし、非適格の株式分配についてはみなし配当課税を行うこととされました。

(4)　平成30年度改正の内容

　平成30年度税制改正では、「無対価組織再編成について、適格組織再編成となる類型の見直しを行うとともに、非適格組織再編成となる場合における処理の方法を明確にする」との考え方から、対価の交付が省略されたと認められる合併又は分割型分割に該当するときは対価の交付がされたものとみなすこととし、その合併又は分割型分割が非適格組織再編成となる場合には、その交付されたとみなされた合併対価又は分割対価に基づき、株主のみなし配当の計算を行う旨の規定が明確化されました。

(5)　令和4年度改正の内容

　最高裁の令和3年3月11日判決で、利益剰余金と資本剰余金の双方を原資として行われた剰余金の配当（いわゆる混合配当）が行われた場合における払戻等対応資本金額等が減少した資本剰余金の額を超える計算結果となる場合は、

法律の委任の範囲を超えた違法な政令規定である旨の判決がされました。

　この判決を受けて令和4年度税制改正において、資本の払戻しが行われた場合の払戻等対応資本金額等は減少した資本剰余金の額を限度とする旨の規定が整備され、併せて種類株式発行法人が資本の払戻しを行った場合には種類資本ごとにみなし配当額を算出する規定が創設されました。

第3章

みなし配当の該当事由

法人（公益法人等及び人格のない社団等を除きます。）の株主等である内国法人が当該法人の次に掲げる事由により金銭その他の資産の交付を受けた場合において、その金銭の額及び金銭以外の資産の価額（適格現物分配に係る資産にあっては、適格現物分配直前の帳簿価額に相当する金額）の合計額が当該法人の資本金等の額のうちその交付の基因となった当該法人の株式又は出資に対応する部分の金額を超えるときは、その超える部分の金額は配当の額とみなすこととされています（法法24①）。

① 合併（適格合併を除く。）

② 分割型分割（適格分割型分割を除く。）

③ 株式分配（適格株式分配を除く。）

④ 資本の払戻し（剰余金の配当（資本剰余金の額の減少に伴うものに限る。）のうち、分割型分割によるもの及び株式分配以外のもの並びに出資等減少分配をいう。）又は解散による残余財産の分配

⑤ 自己の株式又は出資の取得（金融商品取引所の開設する市場における購入による取得その他の政令で定める取得及び法人税法第61条の2第14項第1号から第3号までに掲げる株式又は出資の同項に規定する場合に該当する場合における取得を除く。）

⑥ 出資の消却（取得した出資について行うものを除く。）、出資の払戻し、社員その他法人の出資者の退社又は脱退による持分の払戻しその他株式又は出資をその発行した法人が取得することなく消滅させること。

⑦ 組織変更（当該組織変更に際して当該組織変更をした法人の株式又は出資以外の資産を交付したものに限る。）

(注) 公益法人等や人格のない社団等にあっては収益事業部分の所得に対してのみ法人税が課税されること、また、これらの法人にあっては基本的に出資者への利益分配等を行わないことからみなし配当の規定の適用から除かれています。

　法人の株主等に対してその発行法人が上記に掲げる事由により会社財産を交付した場合など、実質的に利益積立金額の払戻しと同様と認められるときは、その利益積立金額に相当する部分を配当とみなして課税することとしていま

す。それぞれのみなし配当事由については以下のとおりです。

1 合併（適格合併を除く）

　適格合併の場合には、被合併法人の資産・負債が帳簿価額により合併法人に引き継がれ、資産・負債の純資産である資本金等の額及び利益積立金額も合併直前の金額を合併法人が引き継ぐこととされています。合併法人が将来被合併法人から引き継いだ利益積立金額を株主に分配した場合にはその時点で配当課税が可能であることから、適格合併の場合には合併の時点でのみなし配当課税を行わないこととしています。

　これに対して非適格合併が行われた場合には、被合併法人は最後事業年度に資産・負債を時価により譲渡したものとして譲渡損益を課税所得に加減算して申告します。一方、合併法人は被合併法人の最後事業年度の資産・負債を時価で受け入れるとともに、受入資産・負債の時価純資産はすべて資本金等の額で受け入れることになります。

　そうすると、合併法人においては被合併法人の時価純資産価額を払込資本等として受け入れることから、被合併法人の最後事業年度における利益積立金額の総額は株主等へ配当としていったん払い戻されたうえで改めて合併法人の資本金等の額として払い込まれたのと同じこととなります。

　そこで、非適格合併の場合には、被合併法人の最後事業年度においてその時点の利益積立金の総額が株主に配当として帰属したものとして、みなし配当課税を行うこととされています。

　このように株主に配当として帰属させる形態としては、被合併法人の株主等に金銭その他の資産が交付される場合はもとより、合併法人株式又は合併親法人株式が交付される場合があります。その交付される資産の価値は被合併法人の最後事業年度の時価純資産価額のうち、その株主等の持分部分に相当する額となり、これはもともとの払込資本からなる部分の金額と各事業年度で獲得し

た利益の繰越額からなる部分の金額との合計から構成されていますから、その繰越利益から構成されている部分の金額がみなし配当として計算されることになります。

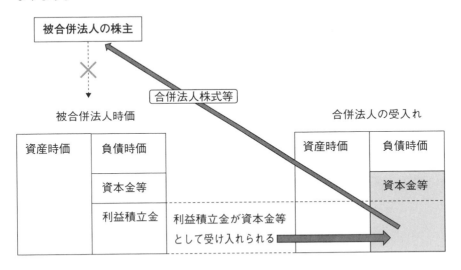

2 分割型分割（適格分割型分割を除く）

　適格分割型分割が行われた場合には、移転資産・負債は帳簿価額により引き継がれ、移転資産・負債の純資産については分割割合に応じた資本金等の額及び利益積立金額が分割承継法人に引き継がれます。分割承継法人が分割法人から引き継いだ利益積立金額を株主に分配した場合にはその時点で配当課税が可能であることから、適格分割型分割の場合には分割型分割の時点でのみなし配当課税を行わないこととしています。

　これに対して非適格分割型分割が行われた場合には、分割法人は分割の日を含む事業年度において移転資産・負債を時価により譲渡したものとして譲渡損益を課税所得に加減算して申告します。一方、分割承継法人は分割法人の移転資産・負債を時価で受け入れるとともに、受入資産・負債の時価純資産価額は

すべて資本金等の額で受け入れ、分割対価資産を分割法人に交付します。

　そうすると、分割承継法人においては分割法人の時価純資産価額を払込資本等として受け入れることから、分割法人の分割の日を含む事業年度における利益積立金額のうち移転資産・負債に対応する部分の金額は、分割法人からその株主に対して分割対価資産の交付に伴い分配されたと考えることができます。

　そこで、非適格分割型分割の場合には、分割法人の分割の日を含む事業年度において分割対価資産として交付された資産の価額のうち分割により分割法人の減算すべき資本金等の額以外の部分の金額が株主に配当として帰属したものとしてみなし配当課税を行うこととされています。

　非適格分割型分割においては分割法人は移転資産・負債の含み損益を分割の日を含む事業年度の損益とします。その上で、分割法人の株主に交付した資産の時価を純資産から減算しますが、まず、分割直前の資本金等の額に移転割合を乗じた金額を資本金等の額の減算額とし、交付資産の時価からこの減少する資本金等の額を減算した金額が利益積立金額の減少額となり、利益積立金額の減少額に相当する金額がみなし配当として計算されます。

【分割による資産等の移転】

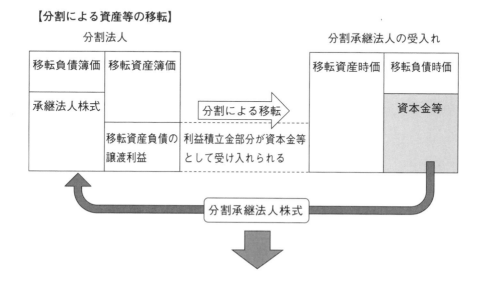

【剰余金の配当による分割対価資産の交付】

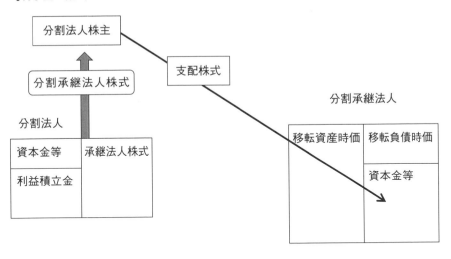

3 株式分配

　税法における株式分配とは、現物分配（剰余金の配当又は利益の配当に限る。）のうち、現物分配の直前において現物分配法人により発行済株式等の全部を保有されていた法人（完全子法人）の発行済株式等の全部が移転するものをいいます。なお、現物分配により発行済株式等の移転を受ける者がその現物分配の直前において現物分配法人との間に完全支配関係がある者のみである場合には適格現物分配となります。よって、現物分配との重複適用を避けるために、完全子法人株式の移転を受ける者が現物分配法人との間に完全支配関係がある者のみである場合の現物分配は株式分配には該当しないものとされています（法法２十二の十五の二）。

　この株式分配は、いわゆる完全子法人のスピンオフがこれに当たり、原則として完全子法人の株式を時価により譲渡したものとし、株主においてはみなし配当課税の対象となります。

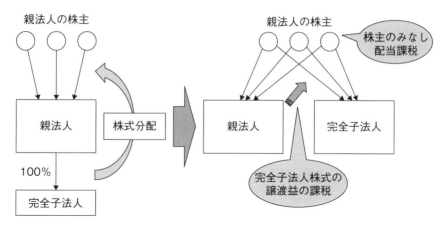

　株式分配が非適格株式分配となるときは、完全子法人株式を時価で譲渡した
ものとして親法人には完全子法人株式の譲渡益課税、株主にはみなし配当課税
が発生します。

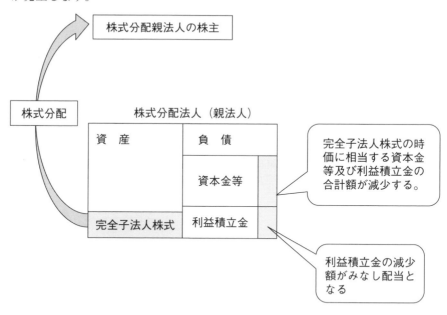

　ただし、株式分配が適格株式分配に該当するときは、完全子法人株式を直前
の帳簿価額により移転したものとしますから、親法人における完全子法人株式
の譲渡益の課税及び株主のみなし配当課税は発生しません。

4 資本の払戻し

　税務における資本の払戻しとは、会社法に規定する剰余金の配当のうち資本剰余金の額の減少に伴うもので、分割型分割によるもの及び株式分配以外のもの並びに出資等減少分配をいうとされています。

　剰余金の配当には利益剰余金を原資とするものと資本剰余金を原資とするものとがありますが、利益剰余金を原資とするものは通常の利益の配当となります。つまり、法人税法第23条第1項第1号に規定されている「剰余金の配当（株式等に係るものに限るものとし、資本剰余金の額の減少に伴うもの並びに分割型分割によるもの及び株式分配を除く。）若しくは利益の配当（分割型分割によるもの及び株式分配を除く。）又は剰余金の分配（出資に係るものに限る。）の額」は利益剰余金を原資とする本来の配当ということになります。

　会社法では、剰余金の配当をするときは配当財産の種類、配当財産の割当てに関する事項及び剰余金の配当の効力が生ずる日を定めて行うこととされ、その財源についてその他利益剰余金を充てるかその他資本剰余金を充てるかは発行法人が決めることとされています（会社法446、会社計算規則23）。

　一般的に株主に対して配当を行いたいときに利益剰余金の額があればそれを原資として配当を行い、利益剰余金がない場合で資本剰余金があるときは資本剰余金を原資とする配当を行います。

　資本剰余金を原資とする剰余金の配当であっても、税務においては資本金等の額と利益積立金額との双方が払い戻されたものとみて、みなし配当の対象とすることとしています。

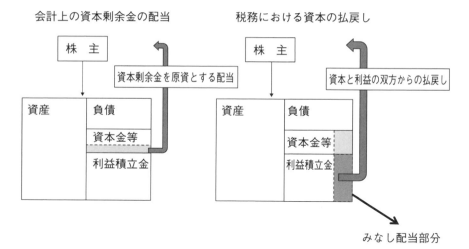

会計上の資本剰余金の配当　　　　税務における資本の払戻し

株　主　　　　　　　　　　　　株　主

資本剰余金を原資とする配当　　　　資本と利益の双方からの払戻し

資産　　負債　　　　　　　　　　資産　　負債

資本金等　　　　　　　　　　　　資本金等

利益積立金　　　　　　　　　　　利益積立金

みなし配当部分

（1）　配当財源が混在する場合

　ところで、利益剰余金はあるがその額では配当財源に不足が生じるときは利益剰余金を原資としつつ不足額について資本剰余金を取り崩して配当を行うこともあるでしょう。このように、剰余金の配当決議に際してその原資として資本剰余金と利益剰余金との双方が取り崩される場合があります。

　この場合、株主総会における剰余金の配当決議の仕方として、一の剰余金の配当決議に基づきその原資を利益剰余金と資本剰余金との双方から行うものと、利益剰余金からの配当決議と資本剰余金からの配当決議をそれぞれ個別の総会決議事項とし、二つの剰余金の配当決議として行う場合とがあると思われます。

　このうち、一の剰余金の配当決議に基づきその原資が利益剰余金と資本剰余金との双方から成る場合は、その全体が資本の払戻しに該当し、利益剰余金の減少額と資本剰余金の減少額とを合わせて資本の払戻しとしてのみなし配当の額を算出することに疑いはないと思います。

　他方、利益剰余金からの配当決議と資本剰余金からの配当決議とをそれぞれ別の株主総会決議事項とし、それぞれ別個の決議を行った場合のみなし配当の計算をどのようにするかについては疑問があったと思います。

これについて、最高裁（令和元年（行ヒ）第333号：令和3年3月11日判決）において、同日付で行われた利益剰余金を原資とする剰余金の配当と資本剰余金を原資とする剰余金の配当はその全体が資本の払戻しに該当するとされています。そのため、利益剰余金からの配当決議と資本剰余金からの配当決議とを別々に行ったとしても、その全体をもって資本の払戻しとしてのみなし配当の額を算出する必要があるでしょう。

　そして、割合を計算する算式（P47参照）の分子の金額である「資本の払戻しにより減少した資本剰余金の額」は、資本剰余金の減少額そのものに基づき計算することになります。

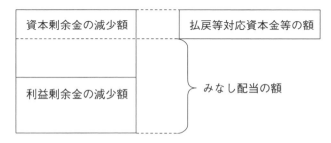

(2)　出資等減少分配

　投資信託及び投資法人に関する法律第137条では、投資法人はその投資主に利益を超えて金銭の分配をすることができるとされています。また、同条第3項で利益を超えて投資主に分配された金銭を出資総額又は出資剰余金の額から控除しなければならないとされ、この控除される金額があるものを出資等減少分配としています。

　この出資等減少分配は株式会社のその他資本剰余金の額を原資とする剰余金の配当と実質的に同じであることから、出資等減少分配を資本の払戻しに含めてみなし配当の対象としています。

　投資法人の計算に関する規則第39条第3項で、出資総額から控除される金額がある場合には、出資総額と出資総額控除額とに区分し、さらに、出資総額控除額に一時差異等調整引当額が含まれているときは、一時差異等調整引当額を

その他の出資総額控除額と区分して表示しなければならないとされています。

　出資等減少分配が行われた場合には、出資等減少分配により増加する出資総額控除額及び出資剰余金控除額の合計額から当該出資等減少分配により増加する一時差異等調整引当額を控除した金額（出資総額等減少額）を簿価純資産で除した割合に基づきみなし配当を計算することとされています。

【みなし配当の計算】

　出資等減少分配により交付を受けた金銭等の額から次の算式による金額を控除した金額がみなし配当となります。

| 投資法人の出資等減少分配直前の資本金等の額 | × | 出資総額控除額と出資剰余金控除額との合計額から一時差異等調整引当額を控除した金額
────────────────────────
出資等減少分配の前事業年度終了の時の資産の帳簿価額から負債の帳簿価額を減算した金額 | × | 法人が有する投資口数
────
投資口総数 |

---

5 残余財産の分配

　法人が解散し残余財産を株主等に分配した場合には、その残余財産の分配は資本等取引に該当し（法法22⑤）、その残余財産は資本金等の額からなる部分と繰越利益から成る部分とから行われたとみるのが相当であることから、みなし配当の対象としています。

　残余財産の分配には一部分配と全部分配とがありますが、いずれの場合も解散による残余財産の分配であれば、みなし配当の対象となります。

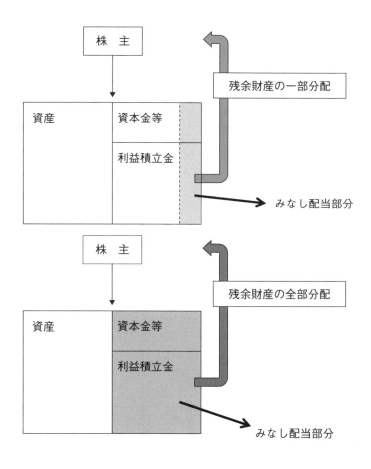

6 自己株式の取得

　平成13年6月改正前の商法では、自己株式の取得は、株式の消却のための取得、営業の全部を承継する吸収分割、合併又は他の会社の営業の全部の譲受けのための取得、端株の買取請求に際しての取得、ストックオプションの実施に伴う取得など一定の場合に限定されていました。そのため、発行法人が自己株式を取得しそれを再譲渡しても損益計算に含めることとし、通常の有価証券と同様に取り扱われていました。

しかし、平成13年6月の商法改正で同年10月以降は自由に自己の株式を取得できるようになりました。

税務上も従前は自己株式であっても有価証券に変わりはないことから、有価証券の取得とし、取得した自己株式を他に譲渡した場合には有価証券の譲渡としてその損益は課税所得を構成することとされていました。しかし、旧商法において自己株式の取得は払込資本の返還であるとの考え方が主流となり、企業会計上も取得した自己株式は純資産の部でマイナス表示をするようになりました。そこで、税務においても自己株式を取得したときはみなし配当と成る部分の金額以外の金額を資本金等のマイナスとして処理するようになり、取得した自己株式を譲渡しても資本金等の増加として捉える考え方になっています。

自己株式の取得により交付された金銭等の対価の額に、払込資本の額を超える部分の金額があるときは、その払込資本の金額を超える部分の金額が実質的に利益積立金額の払戻しとしてみなし配当となります。

このように自己株式の取得は資本金等の額の減少を生じる取引に該当し、現在の法人税法においては、資本等取引に含まれることになります。

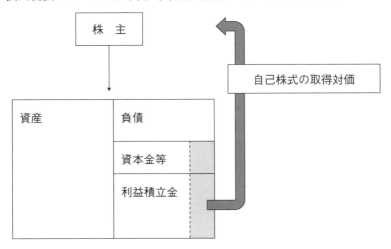

(1) みなし配当事由から除かれる自己株式の取得

自己株式の取得により金銭等が交付されたときは実質的な利益の分配と認め

られるところ、一定の場合は配当課税の手続き面での困難性や配当課税を行うことの必要性等の観点から、みなし配当課税を行わないこととし、次に掲げる自己株式の取得にあってはみなし配当の対象から除外しています（法法24①五、法令23③）。

① 金融商品取引法第2条第16項《定義》に規定する金融商品取引所（これに類するもので外国の法令に基づき設立されたものを含む。）の開設する市場における購入

> コメント解説
> 　つまり、有価証券が上場されている法人が、取引所取引として自己株式を取得した場合にはみなし配当課税を行わないこととしています。
> 　これは、市場取引による自己株式の取得であり、購入の相手方が発行法人であるか否かを判定することが困難であるため、みなし配当の対象から除かれています。

② 店頭売買登録銘柄（株式で、金融商品取引法第2条第13項に規定する認可金融商品取引業協会が、その定める規則に従い、その店頭売買につき、その売買価格を発表し、かつ、当該株式の発行法人に関する資料を公開するものとして登録したものをいう。）として登録された株式のその店頭売買による購入

> コメント解説
> 　つまり、有価証券が店頭売買登録銘柄とされている法人が、店頭取引として自己株式を取得した場合にはみなし配当課税を行わないこととしています。
> 　これも、市場取引による自己株式の取得であり、購入の相手方が発行法人であるか否かを判定することが困難であるため、みなし配当の対象から除かれています。

③ 金融商品取引法第2条第8項に規定する金融商品取引業のうち同項第10号に掲げる行為を行う者が同号の有価証券の売買の媒介、取次ぎ又は代理をする場合におけるその売買（同号ニに掲げる方法により売買価格が決定されるものを除く。）

　証券会社が取引の仲介を行う場合は実際の買手が不明であるため、みなし配当課税を行うことが技術的に困難であることから除かれています。

④　事業の全部の譲受け

　事業の全部の譲受けに伴いその譲受財産に自己株式が含まれていた場合のその取得は、⑤の分割・現物出資における「事業を移転し、かつ、その事業に係る資産に当該分割若しくは現物出資に係る分割承継法人若しくは被現物出資法人の株式が含まれている場合の当該分割若しくは現物出資」と同じであることから除かれています。

⑤　合併又は分割若しくは現物出資（適格分割若しくは適格現物出資又は事業を移転し、かつ、当該事業に係る資産に当該分割若しくは現物出資に係る分割承継法人若しくは被現物出資法人の株式が含まれている場合の当該分割若しくは現物出資に限る。）による被合併法人又は分割法人若しくは現物出資法人からの移転

　組織再編による移転事業に係る資産として自己株式が交付された場合に、それを利益の分配とするのは実態に即さないことから、みなし配当課税から除かれていると考えられます。
　この除かれている分割又は現物出資は、㋑適格分割にあっては個別資産の移転も分割に含まれることとされていることから適格分割の場合には自己株式の移転のみでも適用があること、㋺適格現物出資もすべてみなし配当から除かれること、㋩非適格分割又は非適格現物出資で事業の移転に伴ってその事業に係る資産に承継法人株式又は被現物出資法人株式が含まれている場合の移転が対象となります。

⑥　適格分社型分割（法人税法第2条第12号の11に規定する分割承継親法人の株式が交付されるものに限る。）による分割承継法人からの交付

　適格分社型分割によりその対価として親法人株式、つまり自己株式を受け取る場合があります（適格三角分社型分割）。この場合には、みなし配当が生じないこととされています。

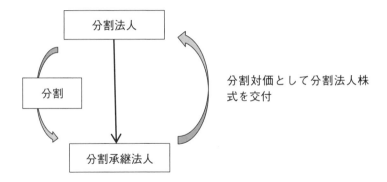

⑦　法人税法第61条の２第９項《有価証券の譲渡益又は譲渡損の益金又は損金算入》に規定する金銭等不交付株式交換（同項に規定する政令で定める関係がある法人の株式が交付されるものに限る。）による株式交換完全親法人からの交付

┌─────────────┐
│ コメント解説 │
└─────────────┘
　下図のように、親法人が完全支配している子法人を、兄弟会社の形態から親子会社の形態に変える株式交換に伴い、親法人株式が交付される場合がこれに当たります。

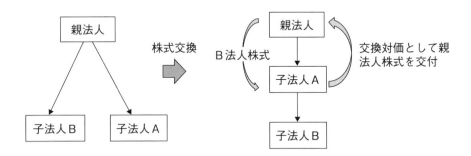

⑧　合併に反対する当該合併に係る被合併法人の株主等の買取請求に基づく買取り

　合併が行われるときに、合併法人又は被合併法人の株主でその合併に反対する株主は発行法人に対して自己株式の買取りを請求することができます。

　被合併法人の株主で合併に反対する株主は合併の効力を生ずる日の前日までに被合併法人に対して買取請求を行うこととされ、実際の買取手続は合併後合併法人からその買取対価が交付されます。

　このように、合併に反対する被合併法人の自己株式の買取りに対してそれがみなし配当に該当すると、みなし配当の額の計算や源泉徴収事務手続を合併法人が行わなければなりませんが、実務上困難な点が多々生じることになります。このような理由から、合併に反対する被合併法人の株式等の買取請求に基づく取得をみなし配当事由から除外しています。

　したがって、再編に反対する株主においては会社法の規定で一律に自己株式の買取請求が行えることとされていますが、みなし配当事由から除いている買取請求に基づく自己株式の取得は被合併法人の株式のみとなります。例えば、合併に反対する合併法人の株主の買取請求や分割に反対する分割法人又は分割承継法人の株主の買取請求は自己株式の取得としてみなし配当事由に該当することになり、注意が必要です。

⑨　会社法第182条の４第１項《反対株主の株式買取請求》（資産の流動化に関する法律第38条《特定出資についての会社法の準用》又は第50条第１項《優先出資についての会社法の準用》において準用する場合を含む。）、第192条第１項《単元未満株式の買取りの請求》又は第234条第４項《一に満たない端数の処理》（会社法第235条第２項《一に満たない端数の処理》又は他の法律において準用する場合を含む。）の規定による買取り

　単元未満株式や端数に相当する株式についてまでみなし配当としての課税を行うことは相当でないとの理由により除外されています。

⑩　法人税法第61条の２第14項第３号に規定する全部取得条項付種類株式を発行する旨の定めを設ける法人税法第13条第１項に規定する定款等の変更に反対する株主等の買取請求に基づく買取り（その買取請求の時において、当該全部取得条項付種類株式の同号に定める取得決議に係る取得対価の割当てに

関する事項（当該株主等に交付する当該買取りをする法人の株式の数が一に満たない端数となるものに限る。）が当該株主等に明らかにされている場合（法第61条の２第14項に規定する場合に該当する場合に限る。）における当該買取りに限る。）

> **コメント解説**
> 　全部取得条項付種類株式を設ける旨の定款変更がされ、それに基づき取得されたときは端株となることが明らかであるときに、その定款変更に反対し買取請求を行ったときは、前述⑨と同様の考え方に基づきみなし配当事由から除いているものです。

⑪　法人税法第61条の２第14項第３号に規定する全部取得条項付種類株式に係る同号に定める取得決議（当該取得決議に係る取得の価格の決定の申立てをした者でその申立てをしないとしたならば当該取得の対価として交付されることとなる当該取得をする法人の株式の数が一に満たない端数となるものからの取得（同項に規定する場合に該当する場合における当該取得に限る。）に係る部分に限る。）

> **コメント解説**
> 　全部取得条項付種類株式の取得決議による買取りの場合、端数となる株式部分について発行法人に対して買取りの申立てを行ったときは、前述⑨と同様にみなし配当事由から除かれています。申立てをしなかった場合も同様です。

⑫　会社法第167条第３項《効力の発生》若しくは第283条《一に満たない端数の処理》に規定する一株に満たない端数（これに準ずるものを含む。）又は投資信託及び投資法人に関する法律第88条の19《一に満たない端数の処理》に規定する一口に満たない端数に相当する部分の対価としての金銭の交付

> **コメント解説**
> 　前述⑨と同様に、端株に相当する部分の金銭交付までみなし配当課税を行わないとするものです。

事例1　トストネット3による自己株式の取得

> 　当社は東京証券取引所の ToSTNeT-3 という取引制度に従い、A社の株式を売却しました。
>
> 　この場合、当社が売却したA社株式はA社が取得しましたが、みなし配当の対象となる自己株式の取得となるでしょうか。

答　東京証券取引所では、時間外取引として ToSTNeT（トストネット）市場があります。

　トストネット市場には、①単一銘柄取引（ToSTNeT-1）、②バスケット取引（ToSTNeT-1）、③終値取引（ToSTNeT-2）、④自己株式立会外買付取引（ToSTNeT-3）があります。

　この自己株式立会外買付取引（ToSTNeT-3）は、自己株式の取得をしたい企業が証券会社を通じて東京証券取引所に買付けの届出を行い、東京証券取引所が売り注文を集めて取引を成立させるもので、東京証券取引所を通じて行う取引です。

　この取引においては、買主は発行会社に限定されていますが、取引所取引であることから、金融商品取引所の開設する市場における購入に該当し（法令23③一）、自己株式の取得であってもみなし配当の対象とされません。

7 出資の消却等

　持分会社（合名会社、合資会社及び合同会社をいいます。）の社員の持分は他の社員全員の承諾がなければ譲渡できないこととされています（会社法585）。また、持分会社はその持分の全部又は一部を譲り受けることができず、自己の持分を取得したときはその持分は取得時に消滅するとされています（会社法587）。

　持分会社は定款の変更により出資の金額を減少した場合には持分の払戻しが可能ですが、出資の金額の減少を伴わないときは退社による持分の払戻ししかできないとされています（会社法626、632、611）。

　このように持分会社にあっては、出資の消却、出資の払戻し、退社又は脱退による持分の払戻し等により、会社財産を出資者に払い戻すことができます。

　株式会社における自己株式の取得と同様に、株式会社以外の法人の出資の消却等も実質的に利益積立金額が払い戻されることになるため、みなし配当の対象としています（法法24①六）。

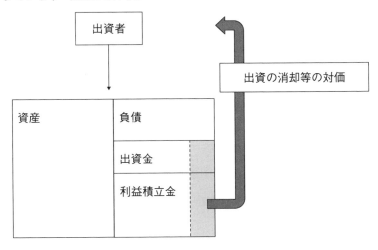

8 組 織 変 更

　株式会社は組織変更により持分会社となることができ、持分会社は組織変更により株式会社となることができます（会社法744、746）。

　組織変更をしても従前の株主や出資者に対して組織変更後の会社の株式又は出資持分のみを交付した場合には実質的に投資が継続されますから、株主等は従前の株式等の帳簿価額を新たな組織の会社の株式等として付け替えるだけでみなし配当や譲渡損益は生じません。

　これに対して、組織変更に際して金銭や組織変更後の会社の株式以外の資産の交付を受けた場合には、実質的に自己株式の取得や出資の払戻しと同様の効果が生じますので、みなし配当の対象とすることとされています。

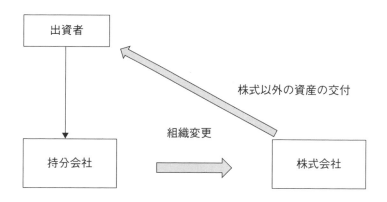

みなし配当の額の計算

みなし配当事由により株主等に金銭等が交付された場合には、それぞれの事由に応じて資本金等の額からなる部分と利益積立金額からなる部分とに区分し、利益積立金額からなる部分をみなし配当とします。

　その具体的な計算は、みなし配当事由に応じて次のようになります。

1 合併（適格合併を除く）

　非適格合併が行われた場合には、被合併法人の株主等にみなし配当が生じます。

(1)　みなし配当の額の計算

　非適格合併が行われた場合のみなし配当の額は、被合併法人の株主が合併により交付を受けた資産の価額の合計額が、合併に係る被合併法人の合併の日の前日の属する事業年度終了の時の資本金等の額を被合併法人のその時の発行済株式又は出資（被合併法人が有する自己の株式又は出資を除く。）の総数（出資にあっては、総額）で除し、これに株主等である内国法人が合併の直前に有していた被合併法人の株式等の数（出資にあっては、金額）を乗じて計算した金額を超える場合のその超える部分の金額となります。

　なお、非適格合併に当たって被合併法人の株主等に対して、被合併法人の最後事業年度に係る剰余金の配当等として交付された金銭等及び合併に反対する被合併法人の株主等に対する買取請求に基づく対価として交付される金銭等は、合併対価資産から除かれ本来の配当として処理しますから、この剰余金の配当等の額はみなし配当の計算における交付を受けた金銭その他の資産の価額に含まないものとされています（法令23②）。

　被合併法人は合併の日の前日を事業年度終了の日とするみなし事業年度により、最後の確定申告書を提出することになり、その最後事業年度終了の時の資本金等の額を基にみなし配当の計算をすることになります。被合併法人の株価が算定され、合併比率等が決まれば合併によるみなし配当の額の計算はスムー

ズに行うことが可能と考えます。

【みなし配当の計算式】

$$交付を受けた資産の価額 - \frac{合併直前の資本金等の額}{発行済株式等の総数} \times 株主が保有する株式数$$

　ところで、みなし配当の規定による上記の計算は、株主サイドに基づくものとなっています。しかし、現実にみなし配当の額を算出し、みなし配当に対する源泉徴収や株主への通知などは合併法人が行うことになります。

　合併が行われる場合には被合併法人の1株当たりの時価と合併法人の1株当たりの時価とをそれぞれ算出し、それに基づき合併比率が求められます。そして、被合併法人の株式1株に対して合併法人株式を何株割り当てるかが決定されます。なお、被合併法人の株主に対して金銭等を交付し合併法人株式を割り当てないときは、被合併法人株式の1株当たりの時価に基づき交付金銭等の額が決定されます。

　そのため、非適格合併が行われた場合にその合併により被合併法人の株主に対して合併対価である株式やその他の資産を交付するのは合併法人となりますが、合併法人においては被合併法人の1株当たりの価額に基づき1株当たりのみなし配当を計算するのが現実的と思われます。その上で、発行済株式等の総数を乗じてみなし配当の額の総額を算出します。

$$\left[被合併法人株式1株当たりの価額 - \frac{合併直前の資本金等の額}{発行済株式等の総数} \right] \times \frac{発行済株式等}{の総数}$$

　上記のように被合併法人株式1株当たりの資本金等の額を算出し、その額を被合併法人株式1株当たりの価額（現実に交付する対価の価額）から控除した金額が1株当たりのみなし配当となります。

2　分割型分割（適格分割型分割を除く）

非適格分割型分割が行われた場合には、分割法人の株主等にみなし配当が生

じます。

(1) みなし配当の額の計算

　非適格分割型分割が行われた場合のみなし配当の額は、分割により分割法人の株主等が交付を受けた資産の価額が、分割直前の分割資本金額等を発行済株式等の総数で除し、これに分割法人の株主が有する分割法人株式の数を乗じた金額を超える場合のその超える部分の金額となります。

　なお、非適格分割型分割に当たって分割法人の株主等に対して、剰余金の配当等として交付された金銭等（分割対価資産を除きます。）については、本来の配当として処理しますから、この剰余金の配当等として交付された金額はみなし配当の計算における交付を受けた金銭その他の資産の価額に含まないものとされています（法令23②）。

　この場合の分割資本金額等とは、分割直前の資本金等の額に、分割法人の前事業年度終了の時の資産の帳簿価額から負債の帳簿価額を減算した金額（前事業年度終了の時から分割型分割の直前の時までの間に資本金等の額又は利益積立金額が増加し、又は減少した場合には、その増加した金額を加算し、又はその減少した金額を減算した金額となります。）に占める移転資産の帳簿価額から移転負債の帳簿価額を控除した金額の割合を乗じて計算した金額となります。

【分割資本金額等の計算式】

$$\text{分割型分割直前の資本金等の額} \times \frac{\text{分割型分割直前の移転資産の帳簿価額から移転負債の帳簿価額を控除した金額}}{\text{分割法人の前事業年度終了の時の資産の帳簿価額から負債の帳簿価額を減算した金額}}$$

(注) 1　分割型分割の直前の資本金等の額が零以下である場合には割合を零とし、分割型分割の直前の資本金等の額及び分子の金額が零を超え、かつ、分母の金額が零以下である場合には割合を1とします。なお、小数点以下三位未満の端数は切り上げます。

　　　 2　分子の金額が分母の金額を超えるときは分子の金額は分母の金額（分母の金額が零に満たない場合を除きます。）を限度とします。

3 分母の金額は分割の日の属する事業年度の前事業年度終了の時の金額に基づき計算しますが、分割型分割の日以前 6 月以内に仮決算に基づく中間申告書（法法72①⑤）の提出があるときは、その中間申告期間終了の時の金額によります。

4 前事業年度終了の時から分割型分割の直前の時までの間に資本金等の額又は利益積立金額（法令 9 一及び六を除く。）が増加し又は減少した場合には、分母の金額に増加した金額を加算し減少した金額を減算します。

> 税法の解釈として、「減算」とは引いて引き切れないときは答えが負となることを意味し、「控除」とは引いて引き切れないときは答えが零となることを意味しています。

【みなし配当の計算式】

$$交付を受けた資産の価額 - \frac{分割資本金額等}{発行済株式等の総数} \times 株主が保有する株式数$$

　ところで、非適格分割型分割が行われた場合に分割法人の株主等に対して分割対価である株式やその他の資産を交付するのは分割法人となります。分割法人においては基本的に 1 株に対して交付する分割対価資産の価値が把握されていることと考えますから、 1 株当たりのみなし配当の額を算出し、それに発行済株式等の総数を乗じることによりみなし配当の総額が算出されます。

$$\left[1株当たりの分割対価資産の額 - \frac{分割資本金額等}{発行済株式等の総数} \right] \times 発行済株式等の総数$$

　上記のように 1 株当たりの分割資本金額等を算出し、その額を分割対価資産の 1 株当たりの価値（現実に交付する対価の価値）から控除した金額が 1 株当たりのみなし配当ということになります。

(2) 割 合 の 計 算

　分割型分割を行った法人の簿価純資産価額がマイナス（債務超過）となっている場合や分割型分割を行った法人の資本金等の額がマイナスとなっているケースも考えられます。このような特殊な場合には計算が不能となる状況が生じる場合もあるなどの理由から計算に一定の制限が設けられていますので、各

ケースごとにその計算例を挙げてみます。

① **資本金等の額が零以下の場合**

　　分割直前の資本金等の額が零以下の場合には、資本金等の額の移転がない
ものとして計算する必要があります。そのためこの場合には、割合を零とし
て計算することとされていますので、その結果として交付を受けた資産の額
の全額がみなし配当となります。

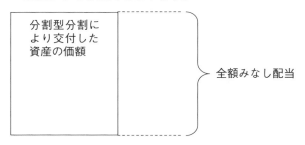

② **債務超過会社で資本金等が零を超えている場合**

　　分割直前の資本金等の額及び移転資産の帳簿価額から移転負債の帳簿価額
を控除した金額が零を超えている法人で前期期末時の簿価純資産価額が零以
下（債務超過）である場合には、割合計算の分子がプラス、分母がマイナス
となり計算は不能となります。そこで、このような場合には、割合を１とし
て計算することとされていますので、分割法人の資本金等の額を超える資産
の交付があった場合にみなし配当が生ずることになります。

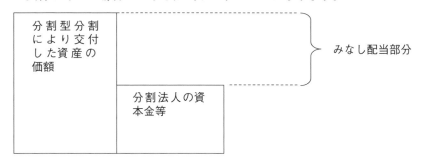

3 株式分配（適格株式分配を除く）

　税務における株式分配とは、現物分配（剰余金の配当又は利益の配当に限る。）のうち、現物分配の直前において現物分配法人により発行済株式等の全部を保有されていた法人（完全子法人）の発行済株式等の全部が移転するものをいうとされています。なお、現物分配により発行済株式等の移転を受ける者が現物分配法人との間に完全支配関係がある者のみである場合には適格現物分配となりますので、株式分配からは除かれます（法法２十二の十五の二）。

　そして、完全子法人の株式のみが移転する株式分配のうち、完全子法人と現物分配法人とが独立して事業を行うための株式分配として一定の要件を満たすもの（完全子法人の株式が現物分配法人の各株主等が有する現物分配法人の株式の数の割合に応じて交付されるもの）が適格株式分配に該当します（法法２十二の十五の三）。

　この一定の要件とは、次に掲げる要件の全てに該当する株式分配がこれに当たります（法令４の３⑯）。

① 　株式分配の直前に当該株式分配に係る現物分配法人と他の者との間に当該他の者による支配関係がなく、かつ、当該株式分配後に当該株式分配に係る完全子法人と他の者との間に当該他の者による支配関係があることとなることが見込まれていないこと。

② 　株式分配前の当該株式分配に係る完全子法人の特定役員の全てが当該株式分配に伴って退任をするものでないこと。

③ 　株式分配に係る完全子法人の当該株式分配の直前の従業者のうち、その総数のおおむね100分の80以上に相当する数の者が当該完全子法人の業務に引き続き従事することが見込まれていること。

④ 　株式分配に係る完全子法人の当該株式分配前に行う主要な事業が当該完全子法人において引き続き行われることが見込まれていること。

　上記要件を満たさない株式分配が非適格株式分配となり、非適格株式分配が

行われたときは、現物分配法人の株主等にみなし配当が生じます。

(1) みなし配当の額の計算

　非適格の株式分配が行われたときは、基本的に非適格の分割型分割と同様の考え方によります。具体的には、分配資本金額等を超える完全子法人株式の価額（時価）部分がみなし配当となります。この分配資本金額等の計算も、分割型分割と同様に、直前資本金等の額に前期末簿価純資産に占める移転資産（完全子法人株式）の帳簿価額に占める割合を乗じた金額となります（法令23①三）。

【分配資本金額等の計算式】

$$分配直前の資本金等の額 \times \frac{完全子法人の分配直前の帳簿価額}{分配法人の前事業年度終了の時の資産の帳簿価額から負債の帳簿価額を減算した金額}$$

(注)　1　分配直前の資本金等の額が零以下である場合には割合を零とし、分配直前の資本金等の額及び算式の分子の金額が零を超え、かつ、算式の分母の金額が零以下である場合には割合を1とします。なお、小数点以下第三位未満の端数は切り上げます。

　　2　分子の金額が分母の金額を超えるときは分子の金額は分母の金額を限度とします。

　　3　分母の金額は、株式分配の日の属する事業年度の前事業年度終了の時の金額に基づき計算しますが、株式分配の日以前6月以内に仮決算に基づく中間申告書（法法72①⑤）の提出があるときは、その中間申告期間終了の時の金額によります。

　　4　前事業年度終了の時から株式分配の直前の時までの間に資本金等の額又は利益積立金額（法令9一及び六を除く。）が増加し又は減少した場合には、分母の金額に増加した金額を加算し減少した金額を減算します。

> 　税法の解釈として「減算」とは引いて引ききれないときは答が負となることを意味し、「控除」とは引いて引ききれないときは答が零となることを意味しています。

【みなし配当の計算式】

$$交付を受けた完全子会社株式の価額 - \frac{分配資本金額等}{株式分配に係る株式総数} \times 株式分配の直前に有していた株式数$$

(2) 割 合 の 計 算

　株式分配を行った法人の簿価純資産価額がマイナス（債務超過）となっている場合や株式分配を行った法人の資本金等の額がマイナスとなっているケースも考えられます。このような特殊な場合には計算が不能となる状況が生じる場合もあるなどの理由から計算に一定の制限が設けられていますので、各ケースごとにその計算例を挙げてみます。

① 資本金等の額が零以下の場合

　分配直前の資本金等の額が零以下の場合には、資本金等の額の移転がないものとして計算する必要があります。そのためこの場合には、割合を零として計算することとされていますので、その結果として交付を受けた資産の価額（完全子法人株式の時価）の全額がみなし配当となります。

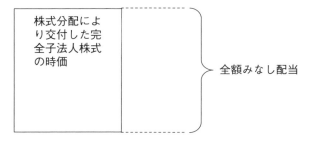

② 債務超過会社で資本金等が零を超えている場合

　分配直前の資本金等の額及び完全子法人の株式の帳簿価額が零を超えている法人で前期期末時の簿価純資産価額が零以下（債務超過）である場合には、割合計算の分子がプラス、分母がマイナスとなり計算は不能となります。そこで、このような場合には、割合を1として計算することとしていますので、分配法人の資本金等の額を超える資産の交付があった場合にみなし配当が生ずることになります。

```
┌──────────┬─────────────────────┐
│株式分配によ │                     ┊
│り交付した完 │                     ┊  ┐
│全子法人株式 │                     ┊  ┝ みなし配当部分
│の時価    │┌─────────────┊  ┘
│          ││分配法人の資 │
│          ││本金等       │
│          │└─────────────┘
└──────────┴─────────────────────┘
```

4 資本の払戻し

　税務における資本の払戻しとは、「剰余金の配当（資本剰余金の額の減少に伴うものに限る。）のうち、分割型分割によるもの及び株式分配以外のものをいう」とされています。

　会社法では剰余金の配当をする場合に一定の財源規制がありますが、利益剰余金から配当を行うか資本剰余金から配当を行うかは法人の任意となります。

　税務においては利益剰余金のみを原資として剰余金の配当をした場合には、それは本来の配当として処理しますが、資本剰余金を原資として配当をした場合にはみなし配当として処理することとされています。

　この「資本剰余金の額の減少に伴うもの」とは、剰余金の配当手続において資本剰余金が減少したものをいいますから、例えば、利益剰余金を原資として配当するもののその一部を資本剰余金を取り崩して行った場合には、税務における考え方は全体が資本の払戻しとなります。

　資本剰余金からの配当があった場合には、資本金等の額及び利益積立金額が一定の割合で払い戻されたものとして、みなし配当の計算を行うこととされています。

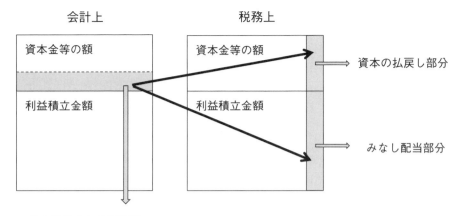

会計上 　　　　　税務上

```
資本金等の額        資本金等の額          →資本の払戻し部分

利益積立金額        利益積立金額          →みなし配当部分
```

資本剰余金からの配当
※網かけ部分が減少する金額

(1)　みなし配当の計算

　資本の払戻しとは、「剰余金の配当で資本剰余金の額の減少に伴うもの」とされていますが、配当原資の都合により一部を利益剰余金から、残りを資本剰余金から行う場合があります（これを「混合配当」といいます。）。

　混合配当であっても、その全体を資本の払戻しとしてみなし配当額を計算することとされ、払戻金銭等の額のうち払戻等対応資本金額等の額を超える部分の金額がみなし配当となります。ただし、払戻等対応資本金額等の額が減少した資本剰余金の額を超える特異なケースについてその是非が争われた裁判で、令和3年3月11日、減少した資本剰余金の額を超える払戻等対応資本金額等が算出される結果となる限りにおいては、その計算は違法なものである旨の最高裁判決が出されました。

　そこで、令和4年度税制改正でその判決に沿った形での法人税法施行令の改正がされています。また、種類株式発行法人であってもその種類ごとに計算する仕組みとはなっていませんでしたが、令和4年度税制改正で種類株式発行法人はその種類ごとにみなし配当の額を計算する仕組みに改められました。

①　種類株式を発行していない法人

　資本の払戻しがあった場合には、払戻し直前の資本金等の額に、前期期末時の簿価純資産価額（前期期末時から払戻し等の直前の時までの間に資本金等の額又は利益積立金額が増加し、又は減少した場合には、その増加した金額を加算し、又はその減少した金額を減算した金額となります。）のうちに占める減少させた資本剰余金の額の割合を乗じて計算した金額（払戻等対応資本金等の額）が払戻金銭等の額を超えるときは、その超える部分の金額がみなし配当となります。

　ただし、払戻等対応資本金等の額が払戻し等により減少した資本剰余金の額を超えるときは、その超える部分の金額を控除した金額（減少した資本剰余金の額を限度とするということになります。）として計算します。

$$払戻金銭等の額-払戻し直前の資本金等の額 \times \frac{資本の払戻しにより減少した資本剰余金の額}{\begin{array}{c}払戻し等の日の属する事業年度の前\\事業年度終了の時の資産の帳簿価額\\から負債の帳簿価額を減算した金額\end{array}}$$

(注) 1　資本の払戻し直前の資本金等の額が零以下である場合には割合を零とし、直前の資本金等の額が零を超え、かつ、分母の金額が零以下である場合は割合を1とします。なお、少数点以下第三位未満の端数は切り上げます。
　　　2　分子の金額が分母の金額を超えるときは分子の金額は分母の金額を限度とします。
　　　3　分母の金額は資本の払戻しの日の属する事業年度の前事業年度終了の時の金額に基づき計算しますが、資本の払戻しの日以前6月以内に仮決算に基づく中間申告書（法法72①⑤）の提出があるときはその中間申告期間終了の時の金額によります。
　　　4　前事業年度終了の時から資本の払戻しの直前の時までの間に資本金等の額又は利益積立金額（法令9一及び六を除く。）が増加し又は減少した場合には、分母の金額に増加した金額を加算し又は減少した金額を減算します。

　税法の解釈として、「減算」とは引いて引ききれないときは答えが負となることを意味し、「控除」とは引いて引ききれないときは答えが零となることを意味しています。

----

②　種類株式発行法人

　種類株式発行法人にあっては、資本の払戻しに係る株式の種類ごとに、払戻

し直前の種類株式に係る種類資本金額に基づき払戻対応種類資本金額を算出し、払戻金銭等の額が、その払戻対応種類資本金額を超える場合のその超える部分の金額がみなし配当となります。ただし、払戻対応種類資本金額が減少した払戻しに係る種類資本金額を超える場合には、その超える部分の金額を控除した金額が払戻対応種類資本金額となります。つまり、減少した種類資本金額を限度として計算することになります。

払戻金銭等の額－払戻対応種類資本金額

上記の算式における払戻対応種類資本金額は、種類資本金額（別表五（一）付表「種類資本金額の計算に関する明細書」で株式の種類ごとに区分管理している、その種類資本金額をいいます。）に種類払戻割合（分数式の割合）を乗じて計算した金額をいいます。

$$直前種類資本金額 \times \frac{減少した払戻しに係る種類資本金額（※1）}{種類資本金額に対応する簿価純資産価額（※2）}$$

※1　減少した払戻しに係る種類資本金額は、減少した資本剰余金の額が種類株式ごとに明らかな場合には、その金額により計算し、明らかでない場合には減少した資本剰余金の額に払戻し直前の各種類株式に係る種類資本金額の合計額のうちに直前種類資本金額（種類資本金額が零以下である場合には零とします。）の占める割合を乗じて計算した金額とされています。

※2　種類資本金額に対応する簿価純資産価額は、前期末簿価純資産価額（種類株式を発行していない法人の計算式の分母の金額）に直前資本金等の額のうちに直前種類資本金額の占める割合を乗じて計算した金額となります。

　　なお、払戻し以前6月以内に仮決算による中間申告書の提出があるときは、その中間申告期間終了の時の簿価純資産価額により計算します。

(注) 1　直前種類資本金額又は直前資本金等の額が零以下である場合には割合を零とし、直前種類資本金額及び直前資本金等の額が零を超え、かつ、分母の金額が零以下であるときは割合を1とします。なお、少数点以下第三位未満の端数は切り上げます。

　　2　分子の金額が分母の金額を超えるときは分子の金額は分母の金額を限度とします。

　　3　分母の金額は資本の払戻しの日の属する事業年度の前事業年度終了の時の金額に基づき計算しますが、資本の払戻しの日以前6月以内に仮決算に基づく中間申告書（法法72①⑤）の提出があるときはその中間申告期間終了の時

の金額によります。

　　4　前期期末時から資本の払戻しの日までの間に資本金等の額又は利益積立金
　　　額（法令9一及び六によるものを除く。）が増加し、又は減少した場合には、
　　　分母の金額に増加した金額を加算し又は減少した金額を減算します。

③　仮決算による中間申告書の提出がある場合の前期末簿価純資産価額

　この割合を厳密に計算するためには払戻し直前の簿価純資産価額で計算すべきでしょうが、現実問題としてその金額を正確に把握することが困難であることから、払戻し時点で判明している払戻しの日の属する事業年度の前事業年度終了の時の簿価純資産価額を採用することとしています。ただし、払戻しの日以前6月以内に法人税法第72条の仮決算に基づく中間申告書の提出があるときは、その中間申告期間の終了の時の資産の帳簿価額から負債の帳簿価額を減算した金額に基づいて計算することとされています。これは、仮決算に基づく中間申告書を提出したときはその中間申告期間についての貸借対照表がその中間申告書に添付され、その時の簿価純資産価額が判明していることによります。

　また、前期期末時から資本の払戻し直前までの間に資本金等の額（種類資本金額）や利益積立金額が異動した場合には、それによる金額を調整して簿価純資産価額を計算します。なお、決算手続を経ないと確定しない所得金額に基づき利益積立金額の増加額（法令9一）や通算法人の投資簿価修正による利益積立金額の増減額については、これに含めないこととされています。

　さらに、種類株式発行法人にあっては、種類資本金額に対応する簿価純資産価額（上記「②種類株式発行法人」の分数式の分母の金額（※2））については、中間申告期間終了の時の資産の帳簿価額から負債の帳簿価額を減算した金額に基づき算出します。

【仮決算に基づく中間申告書の提出があった場合の割合の計算】

$$\frac{\text{払戻しにより減少した資本剰余金の額}}{\text{中間申告期間の終了の時の資産の帳簿価額から負債の帳簿価額を減算した金額}}$$

(注)　分子の金額が分母の金額を超える場合には、分子の金額は分母の金額を限度とします。

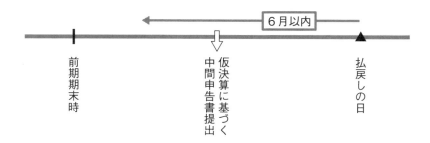

(2) 割 合 の 計 算

　資本の払戻しを行った法人の簿価純資産価額がマイナス（債務超過）となっている場合や払戻法人の資本金等の額（又は種類資本金額）がマイナスとなっているケースも考えられます。このような特殊な場合には計算が不能となる状況が生じる場合もあるなどの理由から、計算における一定の制限がかけられていますので、各ケースごとにその計算例を挙げてみます。

① 　資本金等の額（又は種類資本金額）が零以下の場合

　　資本の払戻し直前の資本金等の額（又は種類資本金額）が零以下の場合には、資本金等の額（又は種類資本金額）からの払戻しがないものとして計算する必要があるため、払戻し直前の資本金等の額（又は種類資本金額）が零以下となっている場合には、割合を零として計算することとされていますので、その結果として払戻金銭等の額の全額がみなし配当となります。

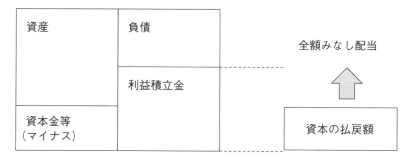

② 　債務超過会社で資本金等の額（又は種類資本金額）が零を超えている場合

　　払戻し直前の資本金等の額（又は種類資本金額）が零を超えている法人で

前期期末時の簿価純資産価額が零以下（債務超過）である場合には、割合計算の分子がプラス、分母がマイナスとなり計算が不能となります。そこで、このような場合には、割合を1として計算することとしていますので、払戻し法人の資本金等の額（又は種類資本金額）を超える払戻しがあった場合にみなし配当が生ずることになります。

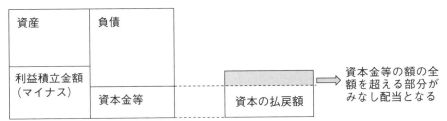

(3) 利益剰余金と資本剰余金とを同時に取り崩している場合

資本の払戻しとは、剰余金の配当のうち資本剰余金の額の減少を伴うものとされていることから、その原資に利益剰余金があるときであっても資本剰余金の減少が生じていれば基本的にその全体が資本の払戻しとなります。

この場合も、上記割合に基づき計算した払戻等対応資本金額が払戻金銭等の額を超える場合のその超える部分の金額がみなし配当となります。

なお、割合を計算する場合の分子の金額は、あくまでも減少した資本剰余金の額により計算しますから、利益剰余金の一部を含んで分配した場合であっても分子の金額は純粋に資本剰余金の減少額のみで算出します。

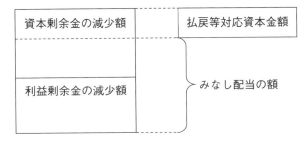

(4) 払戻等対応資本金額が減少した資本剰余金額を超える場合等

上記種類株式を発行していない法人又は種類株式発行法人の計算式に基づいて算出された払戻等対応資本金額又は払戻対応種類資本金額が、減少した資本剰余金の額又は払戻しにより減少した資本剰余金の額のうちその種類の株式に係る部分の金額を超える場合には、その超える部分の金額を控除した金額が払戻等対応資本金額又は払戻対応種類資本金額となります。

これは令和3年3月11日最高裁の判決に基づき令和4年度税制改正で付け加えられた規定です。

5 残余財産の分配

残余財産の分配は、株主等に対して会社財産を清算するために行われます。この場合には、利益剰余金からの分配と資本剰余金からの分配とに特に区分することなく行われますが、税務においては資本金等の額を超える払戻しはみなし配当として捉えることとしています。

残余財産の分配にはその一部を分配する場合と、最終分配のように全部を分配する場合とがありますが、一部分配の場合には資本金等の額と利益積立金額とが一定の割合で払い戻されたものとしてみなし配当の額を計算し、残余財産の全部の分配の時はその時点の資本金等の額を超える部分の分配額がみなし配当となります。

(1) みなし配当の計算

① 残余財産の一部分配の場合

残余財産の分配があった場合には、分配直前の資本金等の額に前期期末時の簿価純資産価額（前期期末時から残余財産の分配の直前の時までの間に資

本金等の額又は利益積立金額（法令9条第1号又は第6号に掲げる金額を除きます。）が増加し、又は減少した場合には、その増加した金額を加算し、減少した金額を減算します。）に占める分配した金銭等の額の割合を乗じて計算した金額（払戻等対応資本金額）が払戻金銭等の額を超えるときは、その超える部分の金額がみなし配当となります。

$$\text{分配した金銭等の額} - \text{分配直前の資本金等の額} \times \frac{\text{分配した金銭等の額の合計額}}{\substack{\text{分配等の日の属する事業年度の}\\\text{前事業年度終了の時の資産の帳簿}\\\text{価額から負債の帳簿価額を減算した金額}}}$$

(注) 1 　残余財産の分配直前の資本金等の額が零以下である場合には割合を零とし、直前の資本金等の額が零を超え、かつ、分母の金額が零以下であるとき又は残余財産の全部の分配を行う場合には割合を1とします。なお、少数点以下第三位未満の端数は切り上げます。

2 　分子の金額が分母の金額を超えるときは分子の金額は分母の金額を限度とします。

3 　分母の金額は残余財産の分配の日の属する事業年度の前事業年度終了の時の金額に基づき計算しますが、残余財産の分配の日以前6月以内に仮決算に基づく中間申告書（法法72①⑤）の提出があるときはその中間申告期間終了の時の金額によります。

4 　前事業年度終了の時から残余財産の分配の直前の時までの間に資本金等の額又は利益積立金額（法令9一及び六を除く。）が増加し、又は減少した場合には、分母の金額に増加した金額を加算し、又は減少した金額を減算します。

> 　税法の解釈として、「減算」とは引いて引ききれないときは答えが負となることを意味し、「控除」とは引いて引ききれないときは答えが零となることを意味しています。

　この割合を厳密に計算するためには分配直前の簿価純資産価額で計算すべきですが、現実問題としてその金額を正確に把握することは困難であることから、分配時点で判明している分配の日の属する事業年度の前事業年度終了の時の簿価純資産価額を採用することとしています。ただし、分配の日以前6月以内に法人税法第72条の仮決算に基づく中間申告書の提出があるときは、その中間申告期間の終了の時の資産の帳簿価額から負債の帳簿価額を減算した金額を採用して計算することとされています。これは、仮決算に基づく中間申告書を

提出したときはその中間申告期間についての貸借対照表がその中間申告書に添付され、その時の簿価純資産価額が判明していることによります。

　また、前期期末時から残余財産の分配の直前までの間に資本金等の額や利益積立金額が異動した場合には、それによる金額を調整して簿価純資産価額を計算します。なお、決算手続を経ないと確定しない所得金額に基づく利益積立金額の増加額（法令9一）や投資簿価修正による利益積立金額の増減額については、これを含めないこととされています。

【仮決算に基づく中間申告書の提出があった場合の割合の計算】

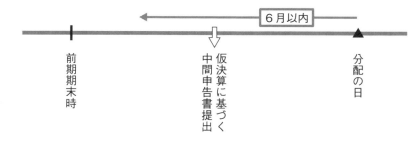

$$\frac{分配した金銭等の額の合計額}{中間申告期間の終了の時の資産の帳簿価額から負債の帳簿価額を減算した金額}$$

（注）　分子の金額が分母の金額を超える場合には、分子の金額は分母の金額を限度とします。

② 　残余財産の全部分配の場合

　残余財産の全部の分配にあっては、その時点における資本金等の額の全部

が消滅することから、まず、資本金等の額から分配されたものとし、資本金等の額を超える分配額をみなし配当とする必要があります。

　そこで残余財産の全部の分配においては特に割合計算するまでもなく、その時の資本金等の額を超える部分の分配額がみなし配当となります。

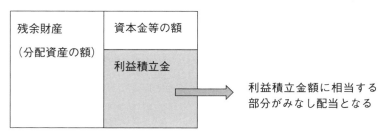

(2)　割合の計算

　残余財産の分配を行った法人の簿価純資産価額がマイナス（債務超過）となっている場合（実質的には含み益のある資産があり、実態では債務超過ではない場合）や残余財産の分配を行った法人の資本金等の額がマイナスとなっているケースも考えられます。このような特殊な場合には計算が不能となる状況が生じる場合もあるなどの理由から、計算における一定の制限がかけられていますので、各ケースごとにその計算例を挙げてみます。

　なお、債務超過であれば残余財産そのものがないということになりますが、資産に多額の含み益があれば実態では債務超過ではなく残余財産が生ずることもあると考えます。

① 資本金等の額が零以下の場合

　残余財産の分配直前の資本金等の額が零以下の場合には、資本金等の額からの払戻しがないものとして計算する必要があります。そのため、残余財産の分配直前の資本金等の額が零以下となっている場合には、割合を零として計算することとされていますので、その結果として払戻金銭等の額の全額がみなし配当となります。

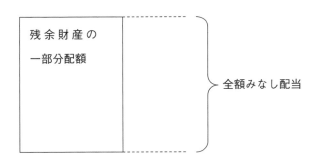

② **債務超過会社で資本金等が零を超えている場合**

　　残余財産の分配直前の資本金等の額が零を超えている法人で前期期末時の簿価純資産価額が零以下（債務超過）である場合には、割合計算の分子がプラス、分母がマイナスとなり計算が不能となります。そこで、このような場合には、割合を1として計算することとしていますので、残余財産の分配をした法人の資本金等の額を超える分配があった場合にみなし配当が生ずることになります。

6 出資等減少分配

　　出資等減少分配とは、投資法人が行う金銭の分配のうち、投資法人の出資総額又は出資剰余金の額から控除される金額があるものとされています（法法23①二、法規8の4）。

　　そのため、投資法人の金銭の分配で出資総額や出資剰余金の取崩しが生じないものは本来の配当となりますが、資本の払戻しと同様に出資を取り崩して分

配するものが出資等減少分配としてみなし配当の対象とされています。

　出資等減少分配により分配を受けた金額が、直前の分配対応資本金額等を超える場合のその超える部分の金額がみなし配当となります。この分配対応資本金額等とは、投資法人の出資等減少分配の直前の資本金等の額に、出資等減少分配の日の属する事業年度の前事業年度終了の時の純資産価額のうちに出資総額等減少額（出資総額控除額及び出資剰余金控除額の合計額から出資等減少分配により増加する一時差異等調整引当額を控除した金額）の占める割合を乗じて計算した金額となります（法令23①五、法規8の5の2）。

7　自己株式等の取得

　自己の株式又は出資（自己株式等）を取得した場合には、資本の払戻しと同様に、実質的に払込資本の金額を超える部分の金額の利益剰余金を払い戻したと考えられます。

　そこで、発行法人が自己株式等を取得した場合には、1株当たりの資本金等の額を超える取得価額はみなし配当として捉えることとしています。

(1)　みなし配当の計算

　自己株式等を取得した場合には、その取得により株主等が交付を受けた金銭及び金銭以外の資産の価額の合計額が取得資本金額を超える場合のその超える部分の金額がみなし配当となります（法令23①六）。

> 交付を受けた金銭等の価額−取得資本金額＝みなし配当の額

　取得資本金額とは、普通株式の他に種類株式を発行している法人と発行していない法人とで次のようになります。

① 種類株式を発行していない法人

$$資本金等の額又は出資金の額 \times \frac{取得株式数（出資の場合は金額）}{発行済株式等の総数（出資の場合は総額）}$$

② 種類株式発行法人

$$取得した株式等に係る種類資本金額 \times \frac{取得株式数（出資の場合は金額）}{種類資本金額に対応する種類株式の総数（出資の場合は総額）}$$

8 出資の消却等

　持分会社が行う出資の消却、出資の払戻し、社員その他法人の出資者の退社又は脱退による持分の払戻しその他株式又は出資を発行した法人が取得することなく消滅させることに該当したときは、みなし配当の計算を行います。

　持分会社である合資、合名、合同会社は出資を取得することができない規定となっており、株式会社が行う自己株式の取得と同様の効果をもたらすためには出資の消却という形態をとらざるを得ません。また、出資の譲渡が制限されている場合に、譲渡できないときは退社して持分の払戻し等を行うことがありますが、これらに該当したときは当初出資元本の払戻しに加えてそれまでの繰越利益も払い戻すことになりますから、その払戻し金銭等の中には実質的に配当部分が存在することになります。

(1) みなし配当の計算

　出資の消却等が行われたときには、その消却等により出資者が交付を受けた金銭及び金銭以外の資産の価額の合計額が取得資本金額を超える場合のその超える部分の金額がみなし配当となります。

$$交付を受けた金銭等の価額 - 取得資本金額 = みなし配当の額$$

取得資本金額とは、種類株式を発行している法人とそれ以外の法人とで次のようになります。

① 種類株式を発行していない法人

$$資本金等の額又は出資金の額 \times \frac{取得株式数（出資の場合は金額）}{発行済株式等の総数（出資の場合は総額）}$$

② 種類株式発行法人

$$取得した株式等に対応する種類資本金額 \times \frac{取得株式数（出資の場合は金額）}{種類資本金額に対応する種類株式の総数（出資の場合は総額）}$$

9 組 織 変 更

会社法の規定による組織変更とは、株式会社が持分会社となること又は持分会社が株式会社となることをいうとされています。

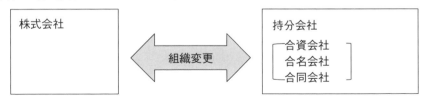

そして、組織変更が行われた場合に、旧組織の法人の株主又は出資者に対して変更後の法人の株式又は出資のみが交付された場合には、株主等として投資が継続し、その支配関係に何ら変更がないことからみなし配当の対象とはしていません。しかし、組織変更に際して組織変更後の株式又は出資に加え、金銭や株式又は出資以外の資産が交付された場合には、株式又は出資以外の資産の払戻し部分に利益の払戻しと同じ効果が生じます。また、変更後の株式又は出資が全く交付されず、すべて金銭等で精算された場合には自己株式の取得や出資の消却等と同様の効果となります。そこで、組織変更に際して組織変更後の法人の株式又は出資以外の資産が交付された場合に、みなし配当の対象とする

こととしています。

(1)　みなし配当の該当事由

　上記の通り組織変更に際して組織変更後の法人の株式又は出資以外の資産が交付された場合にみなし配当事由に該当することとされています。

　組織変更後の法人の株式又は出資に加え、株式や出資以外の資産が交付された場合や一部の株主等に対して株式又は出資が交付され、他の株主等に対して金銭等が交付された場合に、株式又は出資の交付を受けた部分については支配関係が継続していることから、みなし配当の計算に含めないでよいのではないかという疑問があるかと思われます。

　しかし、合併や分割型分割に際して合併法人株式又は合併親法人株式や分割承継法人株式又は分割承継親法人株式以外の資産が交付された場合には、仮に一部合併法人株式や分割承継法人株式が含まれているとしても全体をみなし配当の対象とすることとされています。このような場合には、合併法人株式や分割承継法人株式を時価で取得したとして旧株の譲渡損益を計算します。これと同様に、組織変更後の法人の株式又は出資が含まれていても、それ以外の資産が交付されたときは組織変更に伴い取得した組織変更後の法人の株式又は出資についても時価により取得したものとして譲渡損益を計算するとともに、みなし配当の計算も行うこととなります。

(2)　みなし配当の計算

　組織変更に際して組織変更後の法人の株式又は出資以外の資産が交付されたときには、その組織変更により交付を受けた金銭等及び金銭以外の資産の価額の合計額が取得資本金額を超える場合のその超える部分の金額がみなし配当となります。

交付を受けた金銭等の価額－取得資本金額＝みなし配当の額

　取得資本金額とは、組織変更前において普通株式の他に種類株式を発行して

いる法人と発行していない法人とで次のようになります。

① 種類株式を発行していない法人

$$\text{資本金等の額又は出資金の額} \times \frac{\text{取得株式数（出資の場合は金額）}}{\text{発行済株式等の総数（出資の場合は総額）}}$$

② 種類株式発行法人

$$\substack{\text{取得した株式等に}\\\text{係る種類資本金額}} \times \frac{\text{取得株式数（出資の場合は金額）}}{\substack{\text{種類資本金額に対応する種類株式の}\\\text{総数（出資の場合は総額）}}}$$

10 種類資本金額

　法人税法第24条第1項第4号の資本の払戻し（出資等減少分配を除く。）から第7号の組織変更までのみなし配当の計算にあっては、発行法人が種類株式を発行しているときはその種類株式の種類資本金額に基づき行うこととされています。

(1) 種類資本金額

　法人が、資本の払戻し（出資等減少分配を除く。）、解散による残余財産の分配、自己株式の取得や出資の消却等又は組織変更によりみなし配当が生ずるときで二以上の種類の株式を発行している場合には、その取得等した種類の株式に係る資本金等の額（種類資本金額）に基づきみなし配当の額の計算を行うこととされています。

　この種類資本金額は、平成18年度の税制改正で導入されたもので、平成18年改正法の施行日において種類株式を発行している法人の種類資本の金額は、過去の種類株式の発行価額の合計額をもってその種類資本金の額とする方法、その時点の資本金等の額を普通株式と種類株式の時価により按分する方法、その

他合理的に区分する方法のいずれかにより種類資本金額を求めることとされました。

　なお、種類株式発行法人であっても資本の払戻しや解散による残余財産の分配にあっては種類資本ごとに計算する仕組みとはなっていませんでしたが、令和4年度の税制改正において、資本の払戻し（出資等減少分配を除く。）や解散による残余財産の分配があった場合においても種類株式発行法人は種類資本ごとに計算を行う旨の規定が追加されました。

　種類資本金額とは、その種類株式の交付に係る増加した資本金の額又は出資金の額並びに資本金等の額の明細である法人税法施行令第8条第1項第1号から第11号までに掲げる金額の合計額から同項第15号から第22号までに掲げる金額の合計額（ただし、分割型分割を行った場合を除きます。種類株式を発行している法人が分割型分割を行った場合には、別途下記(2)③により減少する種類資本金額を算出することとしているためです。）を減算した金額とされています（法令8②）。

　種類株式を発行する法人は、各事業年度の申告書別表五㈠付表「種類資本金額の計算に関する明細書」において、その事業年度の種類資本金額を記載することとされています。そのため、その事業年度において種類資本金額が異動する事象が生じたときは、次の概念図のように期首における種類資本金額にその事業年度において資本金等の額の増加となる事象が生じたことによる金額を加算し、資本金等の額の減少となる事象が生じたことによる金額を減算したところの金額が、その事業年度終了の時における種類資本金額となります。

期首における種類資本金額	事業年度開始の日から自己株式の取得等の直前までにおける法人税法施行令第8条第1項第15号から第22号までに掲げる金額のうちその種類株式に係る種類資本金額の合計額
事業年度開始の日から自己株式の取得等の直前までにおける法人税法施行令第8条第1項第1号から第11号までに掲げる金額のうちその種類株式に係る種類資本金額の合計額	自己株式の取得等の時における種類資本金額

(2) 資本金等の額が異動した場合の種類資本金額の付替え計算

　種類株式を発行している法人に資本金等の額の異動の生じた場合で、種類株式の新規発行や増資によるときは、その発行又は増資により増加した資本金等の額をその種類資本金額とし、資本の払戻しや自己株式の取得等が行われたときは、それにより減少する資本金等の額をその種類資本金額から減算することになります。

　しかし、再編等が行われたときは、増加又は減少する種類資本金額が明らかではありませんから、それぞれ次のように一定の割合により計算した金額を種類資本金額の増加額又は減少額とします。

① 合併等によって種類株式を発行した場合

　種類株式を発行している法人を合併法人、分割承継法人、被現物出資法人、株式交換完全親法人又は株式移転完全親法人とする合併、分割、適格現物出資、非適格現物出資のうち差額のれんが生じるもの、株式交換又は株式移転（合併等）が行われた場合に、合併法人等が合併等の直後に二以上の種類の株式を交付した場合には、次の算式により計算した金額を種類資本金額の増加額とします。なお、再編等が無対価で行われた場合には下記②により増加する種類資本金額を算出することとされています（法令8③）。

$$
\text{合併等により増加した資本金等の額} \times \frac{\text{合併等により交付した種類株式の合併等直後の価額の合計額}}{\text{合併等により交付した株式の合併等直後の価額の合計額}}
$$

(注)　発行株式の時価按分により種類資本の金額の増加額を計算することとされています。

② 種類株式を発行する法人を合併法人とする無対価合併等があった場合

　種類株式を発行している法人を合併法人、分割承継法人又は株式交換完全親法人とする無対価適格合併等が行われた場合には、次の算式により計算した金額を種類資本金額の増加額とします（法令8④）。

$$\text{無対価合併等により} \atop \text{増加する資本金等の額} \times \dfrac{\text{その種類株式ごとの無対価合併等}\atop\text{直後の価額の合計額}}{\text{法人の発行済株式等の無対価合併等}\atop\text{直後の価額の合計額}}$$

(注)1 無対価合併等により増加する資本金等の額とは、無対価合併等に係る法令8①五～七及び十に掲げる金額をいいます。

2 種類株式の時価比率により増加額を配分することとされています。

3 分母の発行済株式等及び分子の種類株式には、自己株式及び償還株式を除いて計算することとされています。

③ 種類株式を発行する法人を分割法人とする分割型分割又は現物分配法人とする株式分配(分割型分割等)があった場合

種類株式を発行している法人を分割法人とする分割型分割又は現物分配法人とする株式分配(分割型分割等)を行った場合には、資本金等の額が減少しますが、その資本金等の額の減少額を、次の算式により計算した金額を種類株式ごとの種類資本金額の減少額とします(法令8⑤)。

$$\text{分割型分割等により減少} \atop \text{する資本金等の額} \times \dfrac{\text{その種類株式ごとの分割型分割等直後}\atop\text{の価額の合計額}}{\text{法人の発行済株式等の分割型分割等直}\atop\text{後の価額の合計額}}$$

(注)1 分割型分割等により減少する資本金等の額とは、分割型分割等に係る法令8①十五～十七に掲げる金額をいいます。

2 自己株式及び分割型分割等によりその価額が減少しないと認められる種類株式は分母・分子から除いて計算します。

④ 二以上の種類株式を発行する法人が100%グループ内法人の株式の発行法人に対する譲渡によりみなし配当事由が生じた場合

法人が100%グループ内法人の株式の発行法人に対する譲渡によりみなし配当事由が生じた場合(残余財産の分配を受けないことが確定した場合を含みます。)には、その100%グループ内法人株式の譲渡損失に相当する金額は資本金等の額を減算し、譲渡利益に相当する金額は資本金等の額に加算することとされています。

この場合、二以上の種類株式を発行している法人にあっては、減算又は加算する資本金等の額をそれら種類株式ごとに配分しなければなりません。

このときには、次の算式による金額をそれぞれの種類の株式に係る種類資本金額に減算又は加算して種類資本金額の付替えを行います（法令8⑥）。

$$\text{みなし配当事由に係る減少する資本金等の額} \times \frac{\text{その種類株式ごとのみなし配当事由が生じた直後の価額の合計額}}{\text{法人の発行済株式等のみなし配当が生じた直後の価額の合計額}}$$

⑤　法人が取得請求権付株式等の請求権の行使等の対価として自己株式を交付した場合

　法人が取得請求権付株式等の請求権の行使等の対価として自己株式（新株式）を交付した場合には、その行使直前の取得をした株式と同一種類の株式に係る種類資本金額をその種類株式の総数で除し、取得した株式の数を乗じた金額を、請求権の行使により交付した新株式の種類資本金額に付け替える処理をします。また、取得条項付株式に係る取得事由の発生又は全部取得条項付種類株式に係る取得決議により、その対価として自己株式を交付した場合も同様となります（法令8⑦）。

事例2　被合併法人の合併の日

　非適格合併によるみなし配当の額の計算は、被合併法人の合併の日の前日の属する事業年度終了の時の資本金等の額に基づき行うこととされていますが、この被合併法人の合併の日とは具体的にいつになるのでしょうか。

答　合併の日とは、合併契約書による合併の効力を生ずる日（新設合併の場合には新設合併設立法人の設立登記の日）となります（法基通2－1－27(5)イ）。
　被合併法人は、合併の日の前日を事業年度終了の日とするみなし事業年度により最後の申告を行うこととなり、合併の日とは合併契約等により合併の効力の生ずる日となります。そのため、被合併法人の合併の日の前日の属する事業年度終了の時の資本金等の額は、被合併法人の最後事業年度終了の時の資本金等の額ということになります。
　したがって、非適格合併によりみなし配当の額の計算をするときは、被合併

法人の合併の日の前日、言い換えれば最後事業年度終了の時の資本金等の額を発行済株式等の数で除して、株式に対応する金額を算出します。

事例3　分割法人の分割の日

> 　非適格分割型分割によるみなし配当の額の計算は、分割法人の分割型分割の日の属する事業年度の前事業年度終了の時の資産・負債の帳簿価額に基づき行うこととされていますが、この分割法人の分割の日とは具体的にいつになるのでしょうか。

答　分割の日とは、分割契約書による分割の効力を生ずる日（新設分割の場合には新設分割設立法人の設立登記の日）となります（法基通2－1－27(5)ロ）。

　従前分割型分割を行った場合には、分割の日の前日を事業年度終了の日とするみなし事業年度により法人税の申告を行うこととされていました。しかし、平成22年度税制改正により、分割型分割を行ってもみなし事業年度は生じないこととされました。

　なお、分割の効力の生ずる日は分割契約書において定めることとされています。

事例4　分割法人の前事業年度終了の時とは

> 　非適格分割型分割によるみなし配当の額の計算は、基本的に分割法人の分割型分割の日の属する事業年度の前事業年度終了の時の資産の帳簿価額から負債の帳簿価額を減算した金額を基礎として行うこととされています。
> 　この分割法人の前事業年度終了の時とは具体的にいつとなるのでしょうか。

答　分割の日とは分割契約書等に記載されている効力発生日ですから、例えば、3月決算法人がX1年4月1日を効力発生日とする分割型分割を行った場合の前事業年度終了の時とは、分割の日の前日であるX1年3月31日となり、その日を事業年度終了の日とする事業年度末の資産の帳簿価額か

ら負債の帳簿価額を減算した金額を基礎として行うことになります。

　また、例えば3月決算法人がX1年10月1日を効力発生日とする分割型分割を行った場合の前事業年度終了の時とは、基本的にX1年3月31日を事業年度終了の日とする事業年度末の資産の帳簿価額から負債の帳簿価額を減算した金額を基礎として行うことになります。

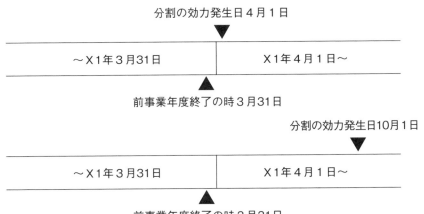

事例5　株式分配における前事業年度終了の時とは

> 　非適格の株式分配がされた場合のみなし配当の計算は、分配法人の株式分配の日の属する事業年度の前事業年度終了の時の資産の帳簿価額から負債の帳簿価額を減算した金額を基礎として行うこととされています。
>
> 　この分配法人の株式分配の日の属する事業年度の前事業年度終了の時とは具体的にいつとなるのでしょうか。

答　株式分配のあった日は、株式会社と持分会社ではその日が異なります。

　株式会社にあっては剰余金の配当決議によることになり、その配当の効力を生ずる日が株式分配の日となりますので、配当の効力を生ずる日の事業年度の前事業年度終了の時となります。

　一方、持分会社においては法人の社員総会又はこれに準ずるものにおいて、

配当に関する決議のあった日となりますが、別途定款で定めた日がある場合にはその定款の定めが優先しますので定款で定めた日となります。そのため利益配当に関する決議のあった日の属する事業年度の前事業年度終了の時となりますが、別途定款で定めた日がある場合にはその定款で定めた日の属する事業年度の前事業年度終了の日となります（法基通2－1－27(5)ハ）。

事例6　資本の払戻しにおける前事業年度終了の時とは

> 　資本の払戻しによるみなし配当の額の計算は、基本的に払戻法人の資本の払戻しの日の属する事業年度終了の時の資産の帳簿価額から負債の帳簿価額を減算した金額を基礎として行うこととされています。
> 　この払戻法人の前事業年度終了の時とは具体的にいつとなるのでしょうか。

答　資本の払戻しとは、剰余金の配当のうち資本剰余金の減少に伴うもの（分割型分割以外のもの）とされ、その剰余金の配当が効力を生ずる日が資本の払戻しの日となります（法基通2－1－27(5)ニ）。したがって、資本の払戻しの効力が生ずる日の属する事業年度の前事業年度終了の時となります。

　例えば、3月決算法人がX1年6月の定時株主総会で剰余金の配当決議を行い、その効力の生ずる日をX1年6月29日とした場合には、その6月29日の属する事業年度の前事業年度終了の時であるX1年3月31日が前事業年度終了の時となります。

　また、例えば3月決算法人がX1年11月30日を剰余金の配当の効力の生ずる日とする、いわゆる中間配当により資本の払戻しを行った場合で、X1年9月30日を中間期間末日とする仮決算による中間申告書の提出がない場合の前事業年度終了の時は、X1年3月31日が前事業年度終了の時となり、X1年11月30日までに仮決算に基づく中間申告書の提出があった場合にはX1年9月30日が前事業年度終了の時となります。

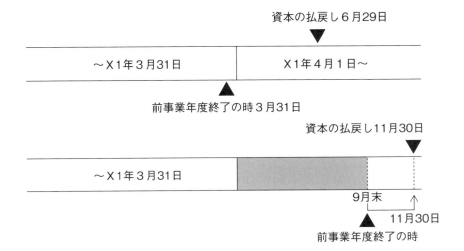

事例7　残余財産の分配における前事業年度終了の時とは

> 　残余財産の分配によるみなし配当の額の計算は、基本的に残余財産の分配の日の属する事業年度の前事業年度終了の時の資産の帳簿価額から負債の帳簿価額を減算した金額を基礎として行うこととされています。
>
> 　この分配法人の前事業年度終了の時とは具体的にいつとなるのでしょうか。

答　前事業年度終了の時とは、残余財産の分配開始の日（分配が数回に分割されてされた場合には、それぞれの分配開始の日）の属する事業年度の前事業年度終了の時となります（法基通2－1－27(5)ホ）。

　例えば、3月決算法人がX1年5月21日に解散し、その後のX1年8月30日に残余財産の分配がされる場合の前事業年度終了の時はX1年5月21日となります。

　これは、解散の場合には事業年度開始の日から解散の日までの期間及び解散の日の翌日からその事業年度終了の日までの期間が事業年度とみなされることによります（法法14①一）。

　なお、株式会社が解散した後の清算中の事業年度終了の日は、毎年解散の日に応答する日とされています（会社法494①）。

上記事例で、X2年8月30日に残余財産の分配を行うときの前事業年度終了の時はX2年5月21日となり、その日の資産・負債の額に基づきみなし配当の計算を行います。

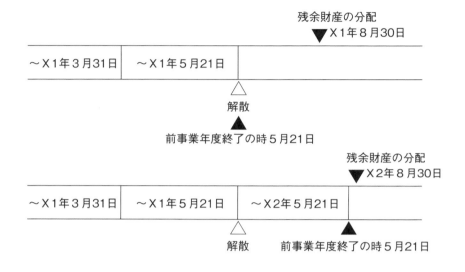

事例8　3月決算法人が6月に資本の払戻し、同年10月1日を効力発生日とする分割型分割を行った場合

　3月決算法人がX1年6月29日に資本の払戻しを行った後に、同年の10月1日を効力発生日とする分割型分割を行った場合において、分割型分割が非適格となった場合には資本の払戻し及び分割型分割のそれぞれにおいてみなし配当の額を計算することになります。

　分割型分割の前事業年度終了の時はX1年3月31日となりますが、その日における資産の帳簿価額から負債の帳簿価額を減算した金額を基にみなし配当を計算すればよいのでしょうか。

　なお、X1年4月1日から同年10月1日までの間、他に資本金等の額及び利益積立金額は異動していません。

答　資本の払戻しを行った場合の前事業年度終了の時はX1年3月31日とな

ります。

　資本の払戻しと同様に分割型分割においても、X1年3月31日が前事業年度
終了の時となります。しかし、X1年3月31日後同年10月1日までの間に資本
の払戻しが行われていますから、X1年3月31日の資産の帳簿価額から負債の
帳簿価額を減算した金額から、その後の資本の払戻しにより減少した資本金等
の額及び利益積立金額の合計額をさらに減算した金額が下記みなし配当計算に
おける分母の金額となります。

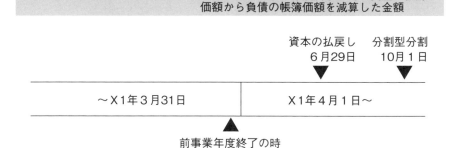

事例9　3月決算法人が4月1日に適格合併をした後の6月に資本の払戻しをした場合

　3月決算法人がX1年4月1日を合併の効力を生ずる日とする適格合併をした後に、同年の6月29日に資本の払戻しをした場合の前事業年度終了の時の資産の帳簿価額から負債の帳簿価額を減算した金額はどのように計算しますか。

答　3月決算法人がX1年6月29日に資本の払戻しをした場合はX1年3月31日が前事業年度終了の時となりますから、みなし配当は同日における資産の帳簿価額から負債の帳簿価額を減算した金額に基づき計算します。ただし、合併が翌日の4月1日に行われ資本金等の額及び利益積立金額が増加

していますから、X1年3月31日の資産の帳簿価額から負債の帳簿価額を減算した金額に合併により増加する資本金等の額及び利益積立金額の合計額を加算した金額を下記みなし配当計算における分母の金額とします。

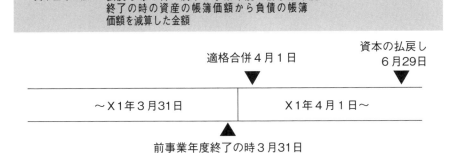

事例10　3月決算法人が6月に資本の払戻し、同年10月1日を合併の効力を生ずる日とする合併を行った場合

3月決算法人がX1年6月29日に資本の払戻しを行った後に、同年の10月1日を合併の効力を生ずる日とする合併を行った場合において、その合併が非適格となった場合にはみなし配当の額を計算することになります。

このみなし配当の計算においては、合併の日の前日の属する事業年度終了の時の資本金等の額を基に行うこととされています。その事業年度終了の時とはX1年3月31日又はX1年9月30日のいずれとなりますか。

答　X1年9月30日となります。

合併の場合、被合併法人は合併の日の前日をみなし事業年度終了の日として法人税の申告を行うこととされています（法法14①二）。

そして、合併の日とは合併契約書による合併の効力を生ずる日となりますから、ご質問の場合にはX1年10月1日となります。そして、この前日（9月30日）の属する事業年度とはX1年4月1日からX1年9月30日までの事業年度となりますので、X1年9月30日終了の時の資本金等の額に基づき非適格合併に

係るみなし配当の計算を行うことになります。

　なお、6月29日に資本の払戻しにより資本金等の額及び利益積立金額が減少していますが、9月30日の決算による資本金等の額及び利益積立金額はそれを考慮したところの金額となりますので、分割型分割のように特段の調整を行う必要はありません。

事例11　資産の帳簿価額から負債の帳簿価額を減算した金額の意義

　非適格の分割型分割や資本の払戻しが行われ、みなし配当の額を計算する場合には前事業年度終了の時の資産の帳簿価額から負債の帳簿価額を減算した金額に基づき行うこととされています。
　この資産の帳簿価額から負債の帳簿価額を減算した金額の意義は何でしょうか。

答　いわゆる簿価純資産価額を意味します。
　資産の帳簿価額又は負債の帳簿価額とは、貸借対照表に表示された金額ではなく、税務上の金額をいいます。そのため、貸借対照表に表示されている資産・負債の金額に別表五㈠の利益積立金額に記載されている税務上の資産・負債の金額を加減算した金額が資産・負債の帳簿価額となります。
　言い換えると、前事業年度終了の時における別表五㈠の利益積立金額の合計額（未払法人税等を除きます。）に資本金等の額の合計額を加算した金額と同額となります。

事例12　新株予約権がある場合の負債の帳簿価額

　非適格の分割型分割や資本の払戻しが行われ、みなし配当の額を計算する場合には前事業年度終了の時の資産の帳簿価額から負債の帳簿価額を減算した金額に基づき行うこととされています。
　この場合、新株予約権を有償発行した金額が貸借対照表の純資産の部に計上されている場合にはどのように計算しますか。

答 新株予約権は会計上純資産の部に計上することとされています（貸借対照表の純資産の部の表示に関する会計基準）が、税務上は負債として認識します。

　そのため、税務上新株予約権として認識できる金額については負債の帳簿価額に含めて計算することになります。

　なお、税務上新株予約権として認識できる金額とは、有償で発行した新株予約権の金額となるでしょう。

事例13　資産・負債の帳簿価額

　次の貸借対照表及び別表五㈠の場合の資産の帳簿価額から負債の帳簿価額を減算した金額はどうなりますか。

貸借対照表

流動資産		未払税金	70
繰延税金資産	200	退職給与引当金	110
貸倒引当金	△50		
		負債合計	(820)
資産合計	(1,350)		

別表五㈠　　　　　Ⅰ　利益積立金額の計算に関する明細書

区　分	期首現在利益積立金額 ①	当　期　の　増　減 減 ②	当　期　の　増　減 増 ③	差引翌期首現在利益積立金額 ⑤
貸 倒 引 当 金		省略		50
有価証券評価損				30
減価償却超過額				15
繰 延 税 金 資 産				△200
退職給与引当金				110
納 税 充 当 金				70
仮　　　　計				(75)

答 資産の帳簿価額及び負債の帳簿価額を計算すると次のようになり、減算した金額は605となります。

貸借対照表の資産の金額	1,350
貸倒引当金	50
減価償却超過額	15
有価証券評価損	30
繰延税金資産	△200
税務上の資産の帳簿価額	1,245
貸借対照表の負債の金額	820
退職給与引当金	△110
納税充当金	△ 70
税務上の負債の帳簿価額	640

資産の帳簿価額から負債の帳簿価額を減算した金額　1,245－640＝605

貸借対照表

流動資産		未払税金	70
繰延税金資産	200	退職給与引当金	110
貸倒引当金	△50		
		負債合計	⟨820⟩
資産合計	⟨1,350⟩		

別表五㈠　　　　　Ⅰ 利益積立金額の計算に関する明細書

区　分	期首現在利益積立金額	当 期 の 増 減		差引翌期首現在利益積立金額
		減	増	
	①	②	③	⑤
貸 倒 引 当 金				50
有価証券評価損		省略		30
減価償却超過額				15
繰 延 税 金 資 産				△200
退職給与引当金				110
納 税 充 当 金				70
仮　　　　計				⟨75⟩

　計算を簡略化すると、貸借対照表の資産の金額から負債の金額を減算し、それに別表五㈠の税務上の加減算金額の合計額を調整した金額となります。

　貸借対照表の資産1,350 − 貸借対照表の負債820 + 別表五の税務上の資産等75 = 605　←

第5章

合併に伴う
抱合株式の
処理

法人税法では、合併に際して抱合株式に対して合併対価を交付しないと課税上弊害が生ずる場合があることから、抱合株式に対して合併による株式その他の資産の交付をしなかった場合においても、合併法人が株式その他の資産の交付を受けたものとみなして、みなし配当の規定を適用するとされています（法法24②）。

　この場合、合併法人は抱合株式に対し、被合併法人の他の株主等がその有していた被合併法人の株式に対して合併法人の株式その他の資産の交付を受けた基準と同一の基準により、株式その他の資産の交付を受けたものとみなすとされています（法令23⑤）。

　なお、平成13年の改正では、分割型分割に際しても分割承継法人が有していた分割法人株式に対して分割対価を交付しなかった場合のみなし交付の規定が存在していましたが、会社法が施行された平成18年からは、分割はすべて分社型分割となり、分社型分割と剰余金の配当を組み合わせたものが分割型分割であることになったことを契機として分割型分割における分割承継法人が有していた分割法人株式に関するみなし交付の規定は削除されています。

　現実的には会社法の規定で、合併が行われた場合に抱合株式があるときはその抱合株式に対して新株等の交付ができません。そのため、基本的には税務上の抱合株式についてのみなし交付の規定により処理することになります。

1 抱合株式とは

　法人税法に規定する抱合株式とは、合併法人が合併の直前に有していた被合併法人の株式（出資を含みます。）又は被合併法人が合併の直前に有していた他の被合併法人の株式をいうとされています。

　つまり、親会社が子会社を吸収合併する場合に親会社が有する子会社株式が抱合株式に該当します。このように、親会社が子会社を吸収合併する場合で親会社が有する子会社株式について、仮に交付をしても合併法人が自己に対して

自己の株式を交付することとなるために、会社法の規定では合併対価を交付することができないこととされています。

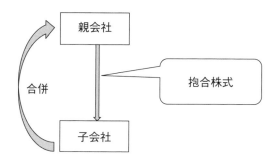

　また、複数合併における被合併法人が有する他の被合併法人株式についても、結局合併法人が自己に対して自己の株式を交付することになるため、会社法の規定では交付できないこととされています。

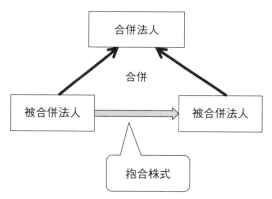

2 抱合株式がある場合で非適格となるケース

　一般的に親会社が子会社を吸収合併するようなケースでは適格合併となる場合が多いものと考えます。しかし、親会社が子会社を吸収合併する場合でも次のような資本関係がある子会社を吸収合併し、被合併法人である子会社の少数株主に対して金銭を交付する場合も考えられます。

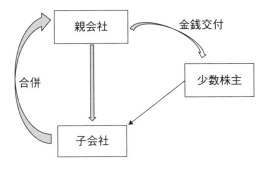

　これは、被合併法人の少数株主の閉め出し（squeeze out）をするために、合併対価として金銭交付を行うというケースです。平成29年度税制改正前においては、合併対価として金銭が交付されれば非適格合併となり、合併法人（親会社）が保有する被合併法人株式（抱合株式＝子会社株式）について、みなし配当が生じます。

　しかし、平成29年税制改正により、合併の直前において合併法人が被合併法人の発行済株式等の3分の2以上を有しているときは、合併法人以外の株主（少数株主）に金銭交付がされても直ちに非適格合併とはならないこととされました。

　そのため、親会社が子会社の発行済株式等の3分の2以上を保有していれば、少数株主に対して合併法人又は合併親法人株式以外の資産（金銭等）の交付をしたとしても、①従業者の引継要件及び②被合併法人の事業継続要件のいずれも満たすものであれば適格合併となります。

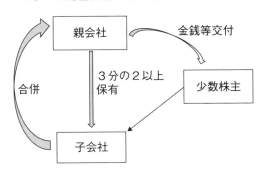

3 抱合株式がある場合のみなし配当

　抱合株式がある場合、会社法ではその抱合株式に対して合併対価が交付できませんから、法人税法の規定において交付されたものとみなして、みなし配当の規定の適用をすることになります（法法24②）。

　この場合、合併法人は抱合株式に対し被合併法人の他の株主等が有していた被合併法人の株式に対して合併法人株式その他の資産の交付を受けたのと同一の基準により、合併法人株式その他の資産の交付を受けたものとみなすこととされています（法令23⑤）。

(1) 被合併法人の他の株主等が合併法人株式のみの交付を受けた場合

　非適格合併で被合併法人の他の株主等が合併法人株式のみの交付を受けた場合には、抱合株式に対して交付を受けるべき合併法人株式の数に相当する価額（時価）を、交付を受けた資産の価額としてみなし配当の額を算出します。

$$\text{交付を受けるべき合併法人株式の数に相当する株式の価額} - \dfrac{\text{被合併法人の合併直前の資本金等の額}}{\text{被合併法人の発行済株式等の総数}} \times \text{合併法人が保有する被合併法人株式の数}$$

　上記計算式により交付を受けたものとされる株式その他の資産の価額のうちみなし配当となる金額は合併法人の合併の日の属する事業年度の益金の額に算入しなければなりません。その上で、みなし配当となる金額は受取配当等益金不算入の計算を行います。

(2) 被合併法人の他の株主等が合併親法人株式のみの交付を受けた場合

　非適格合併で被合併法人の他の株主等が合併親法人株式のみの交付を受けた

場合には、抱合株式に対して交付を受けるべき合併親法人株式の数に相当する価額（時価）を交付を受けた資産の価額としてみなし配当の額を算出します。

$$\text{交付を受けるべき合併親法人株式の数に相当する株式の価額} - \frac{\text{被合併法人の合併直前の資本金等の額}}{\text{被合併法人の発行済株式等の総数}} \times \text{合併法人が保有する被合併法人株式の数}$$

　上記計算式により交付を受けたものとされる株式その他の資産の価額のうちみなし配当となる金額は、合併法人の合併の日の属する事業年度の益金の額に算入しなければなりません。その上で、みなし配当となる金額は受取配当等益金不算入の計算を行います。

(3) 被合併法人の他の株主等が合併法人株式又は合併親法人株式以外の資産の交付を受けた場合

　非適格合併で被合併法人の他の株主等が合併法人株式又は合併親法人株式以外の資産の交付を受けた場合には、抱合株式に対して交付を受けるべき資産の価額の交付を受けたものとしてみなし配当の額を算出します。

$$\text{交付を受けるべき資産の価額} - \frac{\text{被合併法人の合併直前の資本金等の額}}{\text{被合併法人の発行済株式等の総数}} \times \text{合併法人が保有する被合併法人株式の数}$$

　上記計算式により交付を受けたものとされるその他の資産の価額のうちみなし配当となる金額は、合併法人の合併の日の属する事業年度の益金の額に算入しなければなりません。その上で、みなし配当となる金額は受取配当等益金不算入の計算を行います。

4 抱合株式に対する譲渡損益等

　合併法人が有する被合併法人株式や被合併法人が有する他の被合併法人株式

については、合併によりその株式自体が消滅しますが、合併法人株式等合併対価の交付がない場合であっても被合併法人の他の株主等が有していた被合併法人の株式に対して合併法人の株式その他の資産の交付を受けたのと同一の基準により、株式その他の資産の交付を受けたものとみなされますから、有価証券の譲渡損益の計算が必要となります。

　平成13年の改正後、合併対価が合併法人株式又は合併親法人株式のいずれか一方の株式であった場合には譲渡損益を計上しないこととし、合併対価が合併法人株式又は合併親法人株式のいずれか一方の株式以外の資産であった場合には譲渡損益を計上するという取扱いは抱合株式においても同様とされていました。

　しかし、平成22年度税制改正によりその取扱いが変更されました。つまり、合併法人（親会社）が株式を通じて子会社の資産・負債を間接的に保有していた状態が、吸収合併することで直接的に保有することになっても、投資の継続は保たれていることから、合併対価の種類にかかわらず譲渡損益を計上しないこととされました。

　そこで、法人税法第61条の2第3項では、抱合株式に係る譲渡対価の額はその抱合株式の合併直前の帳簿価額に相当する金額とすることとされ、譲渡損益を零として計算します。

　そして、適格合併のときは、抱合株式の合併直前の帳簿価額を資本金等の額から減算します。非適格合併のときは、抱合株式の合併直前の帳簿価額にみなし配当となる金額を加算した金額を合併により増加する資本金等の額から減算することで、抱合株式に対する譲渡損益は生じません（法令8①五）。

(1)　被合併法人の他の株主等が合併法人株式のみの交付を受けた場合

【有価証券の譲渡損益】

　抱合株式に係る被合併法人株式の譲渡損益の計算においても被合併法人の他の株主等が有していた被合併法人の株式に対して合併法人株式又は合併親法人

株式若しくはその他の資産の交付を受けたのと同一の基準により、株式その他の資産の交付を受けたものとみなすことになりますから、被合併法人の他の株主等に対して合併法人株式のみが交付されたときは、有価証券の譲渡に関して法人税法第61条の2第2項の規定が適用されることになります。これによれば、法人税法第61条の2第1項第1号に掲げる金額である譲渡対価の額は、抱合株式の合併直前の帳簿価額に相当する金額とするとされています。したがって、被合併法人株式の譲渡損益は零となります。

【合併法人の受入処理】

　被合併法人が非適格合併により資産・負債を合併法人に移転した場合には、時価により譲渡したものとされます（法法62①）。そのため合併法人も被合併法人から移転を受けた資産・負債は時価により取得したものとなります。

　そして、合併により増加する純資産価額の内訳は、合併により増加した資本の金額と資本金以外の資本金等の額となりますが、抱合株式があるときは、その抱合株式の合併直前の帳簿価額にみなし配当の額を加算した金額を増加する資本金以外の資本金等の額から減算することとされています（法令8①五）。

　例えば、抱合株式である被合併法人株式の合併直前の帳簿価額200、みなし配当50が算出されたとします。また、合併による取得資産が1,000、負債が500、合併により資本金の額を150増加したとします。そこでまず、みなし配当の額を収益に計上し、その額と被合併法人株式の合併直前の帳簿価額との合計額で自己株式を取得したものとみなします。

（借）自己株式　　　　250　　（貸）被合併法人株式　　　200
　　　　　　　　　　　　　　　　　　　みなし配当収益　　　　50

　次に、合併により資産・負債を時価で受け入れ、差額の純資産500のうち、合併により増加した資本金の額150が計上されます。合併受入純資産500と増加資本金の額150との差額350は基本的に資本金以外の資本金等の額となりますが、抱合株式があることから、上記で仕訳した自己株式の帳簿価額に相当する

250を減算し、残額である100が合併により増加する資本金以外の資本金等の額
となります。

```
（借）資    産     1,000    （貸）負    債        500
                              資本金の額        150
                              資本金等の額      100
                              自己株式          250
```

移転資産の時価 1,000	移転負債の時価 500
	増加した資本金 150
	合併により増加する 資本金以外の資本金 等の額　　　100
	抱合株式の合併直前 の帳簿価額＋みなし 配当　　　　250

抱合株式の合併直前の帳簿価額にみなし配当の額を加算した金額を合併により増加する資本金等の額から減算

　その結果、みなし配当及び合併による受入れを一の仕訳で表記すると次のよ
うになるでしょう。

```
（借）資    産     1,000    （貸）負    債        500
                              資本金の額        150
                              資本金等の額      100
                              被合併法人株式    200
                              利益積立金額       50
```

(2) 被合併法人の他の株主等が合併親法人株式のみの交付を受けた場合

【有価証券の譲渡損益】

　抱合株式に係る被合併法人株式の譲渡損益の計算においても被合併法人の他の株主等が有していた被合併法人の株式に対して合併法人株式又は合併親法人株式若しくはその他の資産の交付を受けたのと同一の基準により、株式その他の資産の交付を受けたものとみなすことになりますから、被合併法人の他の株主等に対して合併親法人株式のみが交付されたときは、有価証券の譲渡に関しては法人税法第61条の2第2項の規定が適用されることになります。これによれば、法人税法第61条の2第1項第1号に掲げる金額である譲渡対価の額は、抱合株式の合併直前の帳簿価額に相当する金額とするとされています。したがって、被合併法人株式の譲渡損益は零となります。

【合併法人の受入処理】

　合併により合併親法人株式を交付するためには合併の前に合併親法人株式を合併法人が保有していなければならないことになります。そして、この親法人株式については法人税法第61条の2第23項のみなし譲渡の規定に従い合併契約日等の時価により損益計上を行うこととされていますから、被合併法人の株主等に交付される時の帳簿価額は時価に洗い替えられます。

　被合併法人が非適格合併により資産・負債を合併法人に移転した場合には、時価により譲渡したものとされます（法法62①）。そのため合併法人も被合併法人から移転を受けた資産・負債は時価により取得したものとなります。

　そして、親法人株式を交付するときは、受入資産・負債の時価純資産価額から、被合併法人の株主に交付した資産の価額（合併親法人株式の合併の時の価額）及び抱合株式の合併直前の帳簿価額にみなし配当の額を加算した金額を減算した金額が、合併により増加する合併法人の資本金等の額となります。

　例えば、抱合株式である被合併法人株式の合併直前の帳簿価額200、みなし配当50が算出されたとします。また、合併による取得資産が1,000、負債が

500、合併により交付した親法人株式の時価が150とします。そこでまず、みなし配当の額を収益に計上し、その額と被合併法人株式の合併直前の帳簿価額との合計額で自己株式を取得したものとみなします。

（借）自己株式　　　　250　　（貸）被合併法人株式　　200

　　　　　　　　　　　　　　　　　　みなし配当収益　　　50

　次に、合併により資産・負債を時価で受け入れ、差額の純資産500について、合併親法人株式の時価150を減額します。さらに抱合株式があることから上記で仕訳した自己株式の帳簿価額に相当する250を減算し、残額である100が合併により増加する資本金以外の資本金等の額となります。

（借）資　　　産　　1,000　　（貸）負　　　債　　500

　　　　　　　　　　　　　　　　　　親法人株式　　150

　　　　　　　　　　　　　　　　　　資本金等の額　100

　　　　　　　　　　　　　　　　　　自己株式　　　250

（注）　合併親法人株式を合併契約日に既に保有しており、その帳簿価額が80、契約日の時価が120であった場合には、契約日においてみなし譲渡の規定により次の仕訳が生じます（法法61の2㉓）。

（借）親法人株式　　　120　　（貸）親法人株式　　　80

　　　　　　　　　　　　　　　　　　譲渡利益　　　　40

　　次に、合併の効力を生ずる日の親法人株式の時価が150であるとすると合併の効力を生ずる日において次の仕訳が生じます。

（借）親法人株式　　　150　　（貸）親法人株式　　　120

　　　　　　　　　　　　　　　　　　譲渡利益　　　　30

　　この合併の効力を生ずる日の時価に洗い替えされた合併親法人株式を上記受入仕訳における（貸）親法人株式 150としています。

移転資産の時価 1,000	移転負債の時価 500
	親法人株式 150
	合併により増加する資本金以外の資本金等の額 100
	抱合株式の合併直前の帳簿価額＋みなし配当 250

> 抱合株式の合併直前の帳簿価額にみなし配当の額を加算した金額を合併により増加する資本金等の額から減算

　その結果、みなし配当及び合併による受入れを一の仕訳で表記すると次のようになるでしょう。

（借）資　　産　　1,000　　（貸）負　　　債　　　　500

　　　　　　　　　　　　　　　　　親法人株式　　　　150

　　　　　　　　　　　　　　　　　資本金等の額　　　100

　　　　　　　　　　　　　　　　　被合併法人株式　　200

　　　　　　　　　　　　　　　　　利益積立金額　　　 50

⑶　被合併法人の他の株主等が合併法人株式又は合併親法人株式以外の資産の交付を受けた場合

【有価証券の譲渡損益】

　抱合株式に係る被合併法人株式の譲渡損益の計算においても被合併法人の他の株主等が有していた被合併法人の株式に対して合併法人株式又は合併親法人株式若しくはその他の資産の交付を受けたのと同一の基準により、株式その他の資産の交付を受けたものとみなすことになりますから、被合併法人の他の株主等に対して合併法人株式又は合併親法人株式以外の資産が交付されているときは、有価証券の譲渡に関しては法人税法第61条の2第3項の規定が適用されることになります。これによれば、法人税法第61条の2第1項第1号に掲げる金額である譲渡対価の額は、抱合株式の合併直前の帳簿価額に相当する金額と

するとされています。したがって、被合併法人株式の譲渡損益は零となります。

　なお、従前は被合併法人の他の株主等に合併法人株式又は合併親法人株式以外の資産が交付されたときは、抱合株式についても譲渡損益を計上することとされていましたが、平成22年度税制改正で抱合株式については間接保有から直接保有に変わるものであり、合併対価の種類にかかわらず譲渡損益を計上しないこととされました。

【合併法人の受入処理】

　被合併法人が非適格合併により資産・負債を合併法人に移転した場合には、時価により譲渡したものとされます（法法62①）。そのため合併法人も被合併法人から移転を受けた資産・負債は時価により取得したものとなります。

　そして、合併法人株式又は合併親法人株式以外の資産を交付するときは、受入資産・負債の時価純資産価額から、被合併法人の株主等に交付した資産の価額（合併の時の価額）及び抱合株式の合併直前の帳簿価額にみなし配当の額を加算した金額を減算した金額が、合併により増加する合併法人の資本金等の額となります。

　例えば、抱合株式である被合併法人株式の合併直前の帳簿価額200、みなし配当50が算出されたとします。また、合併による取得資産が1,000、負債が500、合併により交付した資産の時価が150とします。そこでまず、みなし配当の額50を収益に計上し、その額と被合併法人株式の合併直前の帳簿価額との合計額250で自己株式を取得したものとみなします。

（借）自己株式　　　　250　　（貸）被合併法人株式　　　200
　　　　　　　　　　　　　　　　　　みなし配当収益　　　　50

　次に、合併により資産・負債を時価で受け入れ、差額の純資産500について、合併により交付した資産の価額150を減算します。さらに抱合株式があることから上記で仕訳した自己株式の帳簿価額に相当する250を減算し、残額である100が合併により増加する資本金以外の資本金等の額となります。

（借）資　　産	1,000	（貸）負　　債	500
		交付資産	150
		資本金等の額	100
		自己株式	250

（注）　交付した資産の帳簿価額が120であり、合併の時の時価が150であるとすると、合併の効力を生ずる日において次の仕訳が生じます。

（借）資　　産	150	（貸）資　　産	120
		譲渡利益	30

　この合併の時の時価に洗い替えされた資産の価額を上記受入仕訳における（貸）交付資産　150としています。

移転資産の時価 　　　　　1,000	移転負債の時価 　　　　　　500
	交付資産 　　　　　150
	合併により増加する 資本金以外の資本金 等の額　　　100
	抱合株式の合併直前 の帳簿価額＋みなし 配当　　　250

抱合株式の合併直前の帳簿価額にみなし配当の額を加算した金額を合併により増加する資本金等の額から減算

　その結果、みなし配当及び合併による受入れを一の仕訳で表記すると次のようになるでしょう。

（借）資　　産	1,000	（貸）負　　債	500
		交付資産	150
		資本金等の額	100
		被合併法人株式	200
		利益積立金額	50

【抱合株式がある場合の非適格合併の受入処理】

移転資産の時価	移転負債の時価
	増加した資本金の額
	合併により増加する資本金以外の資本金等の額
	抱合株式の合併直前の帳簿価額＋みなし配当

抱合株式の合併直前の帳簿価額にみなし配当の額を加算した金額を合併により増加する資本金等の額から減算

（借）資本金等の額　　×××　（貸）被合併法人株式　　×××

みなし配当　　×××

第 **6** 章

無対価合併・
無対価分割型
分割があった
場合の処理

平成30年度改正により、法人税法第24条第3項として次の規定が新たに設けられました。

法人税法第24条

3　合併法人又は分割法人が被合併法人の株主等又は当該分割法人の株主等に対し合併又は分割型分割により株式その他の資産の交付をしなかった場合においても、当該合併又は分割型分割が合併法人又は分割承継法人の株式の交付が省略されたと認められる合併又は分割型分割として政令で定めるものに該当するときは、政令で定めるところによりこれらの株主等が当該合併法人又は分割承継法人の株式の交付を受けたものとみなして、第1項の規定を適用する。

組織再編税制創設時には、無対価再編についての規定がなかったため、国税庁の質疑応答等により株式の交付が省略されているとみられる無対価合併に対して適格合併となるなどの対応が図られてきましたが、平成22年度税制改正で、法人税法施行令第4条の3に実質的に対価株式の交付が省略されているとみられる資本関係についての規定が設けられました。

平成30年度税制改正大綱で、「いわゆる無対価組織再編成について、適格組織再編成となる類型の見直しを行うとともに、非適格組織再編成となる場合における処理の方法を明確化する。」とされ、無対価非適格組織再編成が行われた場合のみなし配当の規定として、上記のとおり新たに法人税法第24条第3項が追加されました。

これまでは、非適格合併又は非適格分割型分割が行われたときは、株主等に対してみなし配当が生じますが、非適格合併や非適格分割型分割が無対価で行われた時の明確な規定が存在していませんでした。

そこで、平成30年度税制改正で、上記法人税法第24条第3項の規定を設けるとともに、株式の交付が省略されたと認められる資本関係について法人税法施行令第4条の3の規定が整理されました。そして「株式の交付が省略されたと認められる合併又は分割型分割として政令で定めるもの」とは、法人税法施行

令第23条第6項で次のように規定されています。

法人税法施行令第23条

6　法第24条第3項に規定する政令で定めるものは、次に掲げる合併又は
　分割型分割とする。
　一　第4条の3第2項第1号（適格組織再編成における株式の保有関係
　　等）に規定する無対価合併で同項第2号ロに掲げる関係があるもの
　二　第4条の3第6項第1号イに規定する無対価分割に該当する分割型
　　分割で同項第2号イ(2)に掲げる関係があるもの

　まず、無対価合併についての法人税法施行令第4条の3第2項第2号ロに掲
げる関係とは、被合併法人及び合併法人の株主等の全てについて、その者が保
有する当該被合併法人の株式の数の当該被合併法人の発行済株式等（当該合併
法人が保有する被合併法人の株式を除く。）の総数のうちに占める割合と当該
者が保有する当該合併法人の株式の数の当該合併法人の発行済株式等（当該被
合併法人が保有する合併法人の株式を除く。）の総数のうちに占める割合とが
等しい場合における当該被合併法人と合併法人との間の関係とされています。

　これを資本関係の例でみた場合には、次の四つのパターンが考えられます。

【法令第4条の3第2項第2号ロ】

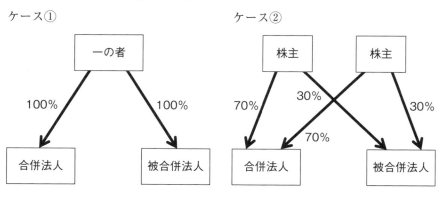

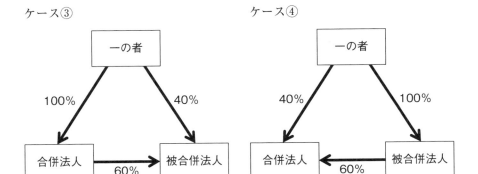

ケース③ ケース④

また、無対価分割型分割についての法人税法施行令第４条の３第６項第２号イ(2)に掲げる関係とは、分割法人の株主等（当該分割法人及び分割承継法人を除く。）及び分割承継法人の株主等（当該分割承継法人を除く。）の全てについて、その者が保有する当該分割法人の株式の数の当該分割法人の発行済株式等（当該分割承継法人が保有する当該分割法人の株式を除く。）の総数のうちに占める割合と当該者が保有する当該分割承継法人の株式の数の当該分割承継法人の発行済株式等の総数のうちに占める割合とが等しい場合における当該分割法人と分割承継法人との間の関係とされています。

これを資本関係の例でみた場合には、次の三つのパターンが考えられます。

【法令第４条の３第６項第２号イ(2)】

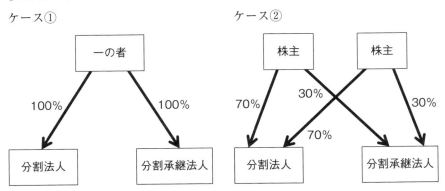

ケース① ケース②

ケース③

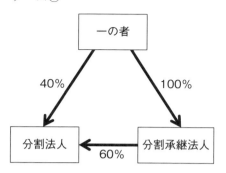

　このような資本関係における合併又は分割型分割にあっては、合併対価又は分割対価の交付がない場合であっても株式等の交付を受けたものとみなして、みなし配当の計算を行います。

　この場合には、合併又は分割型分割により移転した資産の価額（法人税法第62条の8第1項に規定する資産調整勘定の金額を含む）から移転した負債の価額（法第62条の8第2項及び第3項に規定する負債調整勘定の金額を含む。）を控除した金額（移転資産等の時価純資産価額）を合併又は分割型分割の直前の被合併法人又は分割法人の発行済株式等の総数で除し、これに株主等が直前に保有していた株式の数を乗じて計算した金額に相当する株式等の交付を受けたものとみなして、みなし配当の額を算出することとされています（法令23⑦）。

第 7 章

みなし配当
事由による
現物分配

1 現物分配とは

　会社法では、利益剰余金の配当に限らず、資本剰余金を原資として株主等に対して分配することも可能であり、これらをすべて剰余金の配当と称しています。剰余金の配当を行うときは、その都度株主総会の決議を必要とします（会社法454①）。また、金銭以外の会社財産をもってこの剰余金の配当を行うことも可能です（会社法454④）。

　ただし、金銭以外の会社財産を配当する場合で、株主に対して金銭分配請求権を与えないときは、その配当決議は株主総会の特別決議が必要とされています（会社法309②十）。

　また、自己株式の取得に際してその取得の対価として交付することができるのは、会社法第156条第1項第2号で「株式を取得するのと引換えに交付する金銭等」とされ、金銭に限られていませんから会社財産である現物を交付することも可能とされています。

　株式会社の残余財産の分配にあっても、株主等に金銭分配請求権（残余財産に代えて金銭を交付することを清算会社に請求する権利）があることから、残余財産そのものの分配も可能です（会社法504、505）。

　持分会社においても同様に、利益の配当（会社法628）、出資の払戻し（会社法624①）、出資の消却（会社法587①②）、残余財産の分配（会社法666）など現物分配が可能となっています。

　さらに、株式会社が持分会社となる又は持分会社が株式会社となる組織変更では金銭等を交付することができるとされていることから、組織変更に際して現物資産の分配が可能となっています（会社法744①五、746①七）。

　これらの会社法の規定を前提として、法人税法においても現物分配とは、法人（公益法人等又は人格のない社団等を除きます。）がその株主等に対して次の①から③に掲げる事由により金銭以外の資産を交付することとされています（法法2十二の五の二）。

（注）　現物分配とは税法独自の名称であって、会社法等では一般的に現物配当と称しています。税法では、みなし配当事由による現物資産の移転も含めて規定が整備されていることから現物分配という会社法とは異なる名称を用いたものと考えます。

① 　剰余金の配当（株式又は出資に係るものに限るものとし、分割型分割によるものを除きます。）若しくは利益の配当（分割型分割によるものを除きます。）又は剰余金の分配（出資に係るものに限ります。）……いわゆる通常の配当（ただし、資本の払戻しを含みます。）

② 　解散による残余財産の分配

③ 　法人税法第24条《みなし配当》第1項第5号から第7号までに掲げる事由
　　　具体的には、みなし配当に該当するもののうち次のイからハまでの事由がこれに当たります。

　イ　自己の株式又は出資の取得

　ロ　出資の消却（取得した出資について行うものを除きます。）、出資の払戻し、社員その他法人の出資者の退社又は脱退による持分の払戻しその他株式又は出資を取得することなく消滅させること

　ハ　組織変更

2　現物分配の会計処理

　現物配当は剰余金の配当決議により行われますから、現物配当が行われたときの会計処理基準は、自己株式及び準備金の額の減少等に関する会計基準及び同適用指針で規定されています。

　自己株式及び準備金の額の減少等に関する会計基準の適用指針の第10項で、配当財産が金銭以外の財産である場合、配当の効力発生日（会社法454①三）における配当財産の時価と適正な帳簿価額との差額は、配当の効力発生日の属する期の損益として、配当財産の種類等に応じた表示区分に計上し、配当財産の

時価をもって、その他資本剰余金又はその他利益剰余金（繰越利益剰余金）を減額するとされています。

(注)　会社法第454条第1項は、株式会社が剰余金の配当をしようとするときの株主総会決議により定めるべき事項が規定されており、同項第3号では剰余金の配当がその効力を生ずる日を定めることとされています。

　ただし、以下の場合には、配当の効力発生日における配当財産の適正な帳簿価額をもって、その他資本剰余金又はその他利益剰余金（繰越利益剰余金）を減額します。

①　分割型の会社分割（按分型）

②　保有する子会社株式のすべてを株式数に応じて比例的に配当（按分型の配当）する場合

③　企業集団内（＊）の企業へ配当する場合

④　市場価格がないことなどにより公正な評価額を合理的に算定することが困難と認められる場合

　なお、減額するその他資本剰余金又はその他利益剰余金（繰越利益剰余金）については、取締役会等の会社の意思決定機関で定められた結果に従うこととされています。

＊　企業集団内の企業とは、同一の企業（又は個人）により最終的に支配され（取引当事者が最終的な支配企業である場合を含む。）、かつ、その支配が一時的でない企業をいう（同適用指針7）。

　そのため、現物配当を行う場合には、基本的に配当資産を時価により譲渡したものとして譲渡損益を計上し、その時価を配当として処理することとされ、税務と同様の処理が行われると考えます。

3　現物分配があった場合の法人税の処理

　現物分配が行われた場合には、従前から分配の対象となった資産については

直前に帳簿価額と時価との差額について譲渡損益を計上したうえで、時価による分配と認識されていました。

平成22年度の税制改正で、法人税法第62条の5《現物分配による資産の譲渡》の規定が創設され、残余財産の全部の分配により資産を移転するときは、残余財産の確定の日の属する事業年度の所得の計算上、残余財産の確定の時の時価で譲渡したものとして譲渡損益を計上することが明文化されました。

ただし、現物分配のうち資産の移転を受けるものが現物分配の直前において現物分配法人と完全支配関係がある内国法人のみであるときは、その現物分配は適格現物分配とされています（法法２十二の十五）。

適格現物分配の場合には、現物分配資産の移転直前の帳簿価額により譲渡したものとされますから、現物分配法人においては移転資産の譲渡損益を計上しないことになります。そして、現物分配を受ける被現物分配法人は、移転直前の帳簿価額により取得したものとし（法法62の5③、法令123の6①）、現物分配による収益の額を益金不算入とすることとされました（法法62の5④）。

4　みなし配当事由により現物分配が行われた場合

みなし配当事由により現物分配が行われた場合であっても、交付資産の時価に基づきみなし配当の額を算出します。

ただし、適格現物分配に該当するときは、交付資産の交付直前の帳簿価額に基づきみなし配当の額を算出することとされています（法法24）。

(1)　資本の払戻し

完全支配関係がある子会社から、資本剰余金の額を原資とする剰余金の配当決議により現物資産が交付された場合（適格現物分配）のみなし配当の計算は次によります。

① 種類株式を発行していない法人

適格現物分配にあっては、払戻等対応資本金額が交付資産の交付直前の帳簿価額を超える場合のその超える部分の金額がみなし配当となります。そのため、種類株式を発行していない法人（一の種類の株式のみを発行している法人）は次の算式によりみなし配当の額を算出します。

> 交付資産の交付直前の帳簿価額－払戻等対応資本金額＝みなし配当金額

上記算式における払戻等対応資本金額は次の算式により計算した金額となります。

> 払戻し直前の資本金等の額 × $\dfrac{減少した資本剰余金の額}{払戻し等の日の属する事業年度の前事業年度終了の時の資産の帳簿価額から負債の帳簿価額を減算した金額}$

ただし、払戻し直前の資本金等の額に分数式の割合を乗じた金額（払戻等対応資本金額）が払戻し等により減少した資本剰余金の額を超えるときは、その超える部分の金額を控除した金額（減少した資本剰余金の額を限度とするということになります。）として計算します。

(注)1　資本の払戻し直前の資本金等の額が零以下である場合には割合を零とし、直前の資本金等の額が零を超え、かつ、分母の金額が零以下である場合は割合を1とします。なお、少数点以下第三位未満の端数は切り上げます。

2　分子の金額が分母の金額を超えるときは分子の金額は分母の金額を限度とします。

3　分母の金額は資本の払戻しの日の属する事業年度の前事業年度終了の時の金額に基づき計算しますが、資本の払戻しの日以前6月以内に仮決算に基づく中間申告書（法法72①、⑤）の提出があるときはその中間申告期間の末日の時の金額になります。

4　前期期末時から資本の払戻しの日までの間に資本金等の額が異動した場合及び利益積立金額が異動した場合（法令9一及び六によるものを除く。）にはそれを調整します。

② 種類株式発行法人

種類株式発行法人にあっては、資本の払戻しに係る株式の種類ごとに、払戻し直前の種類株式に係る種類資本金額に基づき払戻対応種類資本金額を算出

し、払戻金銭等の額が、その払戻対応種類資本金額を超える場合のその超える部分の金額がみなし配当となります。ただし、払戻対応種類資本金額が減少した払戻しに係る種類資本金額を超える場合にはその超える部分の金額を控除した金額が払戻対応種類資本金額となります。つまり、減少した種類資本金額を限度として計算することになります。

> **交付資産の交付直前の帳簿価額－払戻対応種類資本金額＝みなし配当金額**

　上記の算式における払戻対応種類資本金額は、種類資本金額（別表五（一）付表「種類資本金額の計算に関する明細書」で株式の種類ごとに区分管理している、その種類資本金額をいいます。）に種類払戻割合（分数式の割合）を乗じて計算した金額をいいます。

> **直前種類資本金額 × 減少した払戻しに係る種類資本金額（※1）／種類資本金額に対応する簿価純資産価額（※2）**

※1　減少した払戻しに係る種類資本金額は、減少した資本剰余金の額が種類株式ごとに明らかな場合には、その金額により計算し、明らかでない場合には減少した資本剰余金の額に直前資本金等の額の合計額に占める払戻直前の各種類株式に係る種類資本金額（種類資本金額が零以下である場合には零とします。）の占める割合を乗じて計算した金額とします。

※2　種類資本金額に対応する簿価純資産価額は、前期末簿価純資産価額（種類株式を発行していない法人の計算式の分母の金額）に直前資本金等の額のうちに直前種類資本金額の占める割合を乗じて計算した金額となります。

　なお、払戻し以前6月以内に仮決算による中間申告書の提出があるときは、その中間申告期間終了の時の簿価純資産価額により計算します。

(注)1　直前種類資本金額又は直前資本金等の額が零以下である場合には割合を零とし、直前種類資本金額及び直前資本金等の額が零を超え、かつ、分母の金額が零以下であるときは割合を1とします。なお、少数点以下第三位未満の端数は切り上げます。

　　2　分子の金額が分母の金額を超えるときは分子の金額は分母の金額を限度とします。

　　3　分母の金額は資本の払戻しの日の属する事業年度の前事業年度終了の時の金額に基づき計算しますが、資本の払戻しの日以前6月以内に仮決算に基づく中間申告書（法法72①⑤）の提出があるときはその中間申告期間の末日の

時の金額になります。

  4　前期期末時から資本の払戻しの日までの間に資本金等の額が異動した場合
　　及び利益積立金額が異動した場合（法令9一及び六によるものを除く。）には
　　それを調整します。

　税法の解釈として、「減算」とは引いて引ききれないときは答えが負となることを意味し、「控除」とは引いて引ききれないときは答えが零となることを意味しています。

【事例】

　完全支配関係がある子法人（一の種類の株式のみを発行している法人）が資本剰余金の額を600減少（資本の払戻し）させ時価1,000（簿価600）の資産の交付を行った場合で、発行法人の前期末簿価純資産10,000、払戻し直前の資本金等の額6,000及び親会社における子法人の株式の帳簿価額8,000であるときは、みなし配当240、株式の譲渡原価480となり、この場合の受入法人の税務仕訳は次のようになります。

$$600 - 6{,}000 \times \frac{600}{10{,}000} = 240 \text{（みなし配当）}$$

$$8{,}000 \times \frac{600}{10{,}000} = 480 \text{（譲渡原価）}$$

$$(600 - 240) - 480 = \triangle 120 \text{（譲渡損失）}$$

(注)1　みなし配当計算における交付資産の価額は交付直前の資産の帳簿価額により計算します。

　　2　譲渡損失120はグループ法人税制の適用により損金とはならず、資本金等の額の減少として処理します。

＜税務上の仕訳＞

（借）資　　産　　　　　600　　（貸）みなし配当　　　240
　　　資本金等の額　　　120　　　　株　　式　　　　　480

　ところで、資本の払戻しにより金銭等の交付を受けた場合の会計上の仕訳は一般的に次のようになるでしょう（企業会計基準適用指針第3号「その他資本

剰余金の処分により配当を受けた株主の会計処理」第3項)。

　　＜会計上の仕訳＞

　　（借）資　産　　　1,000　　　（貸）株　式　　　　1,000

　　上記の会計上の仕訳を税務上の仕訳に調整するために申告調整（別表での調整）を行う必要があります。税務上はみなし配当240を収益計上し、これが利益積立金の増加となり、譲渡損失相当額120が資本金等の額の減少となりますが、会計上の仕訳では配当収益240が計上されていませんし、株式の帳簿価額が520過大に減少されています。そこで、別表四でみなし配当計上もれとして240を加算し留保とします。

　　次に、別表五㈠で子会社株式の帳簿価額の減算過大520を利益積立金の増加とし、受入資産の取得価額過大を400減算しますが、これだけでは利益積立金額の増加額は120（520－400）となり、みなし配当による別表四の留保額240とに120の差額が生じます。

　　そこで、この差額120（譲渡損失相当額）は利益積立金額の計算上は資本金等の額として120を増加させ、資本金等の額の計算明細書で120を減少させる申告調整を行います。

　　なお、別表四でみなし配当計上もれとして所得に加算したみなし配当相当額の240については、法人税法第62条の5第4項の規定により適格現物分配に係る収益の額を益金不算入とする必要があることから別表四で同額を減算流出として処理します。

別表四

区分		総額	処分		
			留保	流出	
		①	②	③	
当期利益又は当期欠損の額	1			配当	
				その他	
加算	みなし配当計上もれ		240	240	
減算	適格現物分配に係る益金不算入額	17	240	※	240

別表五（一）　　Ⅰ　利益積立金額の計算に関する明細書

区分	期首現在利益積立金額	当期中の増減		差引翌期首現在利益積立金額
		減	増	
	①	②	③	④
子 会 社 株 式			520	520
資 産 価 額		400		△400
資 本 金 等			120	120

Ⅱ　資本金等の額の計算に関する明細書

区分		期首現在資本金等の額	当期中の増減		差引翌期首現在資本金等の額 ①－②＋③
			減	増	
		①	②	③	④
資本金又は出資金	32				
資 本 準 備 金	33				
完全支配関係株式	34		120		△120
差 引 合 計 額	36				

(2)　残余財産の分配

　完全支配関係がある子会社から、残余財産の全部の分配として現物資産が交付された場合（適格現物分配）のみなし配当の計算は次の算式によります。

① 種類株式を発行していない法人

$$
\text{交付資産の交付} \atop \text{直前の帳簿価額} - \text{分配直前の} \atop \text{資本金等の額} \times \frac{\text{交付資産の交付直前の帳簿価額}}{\substack{\text{分配等の日の属する事業年度の} \\ \text{前事業年度終了の時の資産の帳簿価額} \\ \text{から負債の帳簿価額を減算した金額}}}
$$

(注)1　残余財産の分配直前の資本金等の額が零以下である場合には割合を零とし、直前資本金等の額が零を超え、かつ、残余財産の全部の分配を行う場合には割合を１とします。

　　　2　分母の金額について前期期末時から残余財産の分配の日までの間に資本金等の額又は利益積立金額が異動した場合にはそれを調整します。

　　　3　分数式の割合に小数点以下第三位未満の端数があるときは切り上げます。

【事例】

　完全支配関係がある子法人（一の種類の株式のみを発行している法人）の解散による残余財産の全部の分配として時価7,000（簿価6,300）の資産の交付を受けた場合で、分配直前の資本金等の額5,000及び子法人の株式の帳簿価額6,000であるときは、みなし配当1,300、株式の譲渡原価6,000となり、この場合の税務仕訳は次のようになります。

　6,300－5,000×１＝1,300（みなし配当）

　6,000×１＝6,000（譲渡原価）

　（6,300－1,300）－6,000＝△1,000（譲渡損失）

(注)1　交付金銭等の額を分配直前の資産の帳簿価額により計算します。

　　　2　残余財産の全部の分配であることから、割合は１とします。

＜税務上の仕訳＞

（借）資　　産　　　　6,300　　　（貸）みなし配当　　1,300

　　　資本金等の額　1,000　　　　　株　　　式　　　6,000

※譲渡損失は資本金等の額の減算として処理します。

　ところで、上記事例のケースにおける会計上の仕訳は一般的に次のようになるでしょう。

＜会計上の仕訳＞

（借）資　産　　7,000　　　（貸）株　式　　　　6,000
　　　　　　　　　　　　　　　　　　子会社清算益　1,000

　上記の会計上の仕訳を税務上の仕訳に調整するために申告調整（別表での調整）を行う必要があります。税務上はみなし配当1,300を収益計上し、これが利益積立金の増加となり、譲渡損失相当額1,000が資本金等の額の減少となりますが、会計上子会社清算益として1,000は計上済みですから、差額の300のみ別表四で加算（留保）とし、別表五㈠で利益積立金額を増加させます。そして、完全支配関係法人から適格現物分配により資産等の移転を受けたことによる益金の額（みなし配当相当額）は益金の額に算入しないこととされていますので、このみなし配当相当額1,300を別表四で減算（流出）します。

　また、移転を受けた資産を時価の7,000で計上していますが、税務上は直前の帳簿価額6,300に修正する必要があるため、別表五㈠の利益積立金額の計算で「資産過大受入額△700」を表示するとともに、譲渡損失相当額1,000を資本金等の額から減算する処理を行います。

【参考】税務仕訳と会計仕訳との差額仕訳

（借）資本金等の額　　1,000　　　（貸）みなし配当　　300
　　　　　　　　　　　　　　　　　　　受入資産　　　　700

別表四

区　　　分		総　額	処　分		
			留　保	流　出	
		①	②	③	
当期利益又は当期欠損の額	1			配　当	
				その他	
加算	みなし配当計上もれ		300	300	
減算	適格現物分配に係る益金不算入額	17	1,300	※	1,300

別表五（一）　　　Ⅰ　利益積立金額の計算に関する明細書

区　　分	期 首 現 在 利益積立金額	当期中の増減		差引翌期首現在 利益積立金額
		減	増	
	①	②	③	④
配　当　収　益			300	300
受　入　資　産		700		△700

Ⅱ　資本金等の額の計算に関する明細書

区　　分		期 首 現 在 資本金等の額	当期中の増減		差引翌期首現在 資本金等の額 ①－②＋③
			減	増	
		①	②	③	④
資本金又は出資金	32				
資 本 準 備 金	33				
完全支配関係株式	34		1,000		△1,000
差 引 合 計 額	36				

(3)　自己株式の取得

　完全支配関係がある子法人が自己株式を取得するに際して、その対価として現物資産が交付された場合（適格現物分配）のみなし配当の計算は次の算式によります。

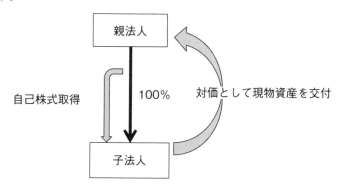

交付した資産の交付直前の帳簿価額－取得資本金額＝みなし配当金額

取得資本金額は、一の種類の株式のみを発行している法人は、次の①の種類株式を発行していない法人の算式で計算し、複数の種類の株式を発行している法人は②の種類株式発行法人の算式により計算します。

① 種類株式を発行していない法人

$$\text{資本金等の額又は出資金の額} \times \frac{\text{取得株式数（出資の場合は金額）}}{\text{発行済株式等の総数（出資の場合は総額）}}$$

② 種類株式発行法人

$$\begin{array}{c}\text{取得した株式等に}\\\text{対応する種類資本金額}\end{array} \times \frac{\text{取得株式数（出資の場合は金額）}}{\begin{array}{c}\text{種類資本金額に対応する種類株式の}\\\text{総数（出資の場合は総額）}\end{array}}$$

【事例】

完全支配関係がある子法人が親法人の有する自己株式の一部を取得し、親法人が時価1,000（簿価800）の資産の交付を受けた場合で、その取得資本金額が600、親法人の子法人株式の譲渡原価が800であるときの税務上の仕訳は次のようになります。

この場合、自己株式等を取得した法人とその株主との間に完全支配関係がある場合には、親法人が発行法人（子法人）にその法人の株式を譲渡したときは、譲渡対価の額を譲渡原価の額に相当する額とし、その譲渡損益を認識しないこととされます。そして、譲渡損益に相当する額は資本金等の額で調整します。

交付資産の帳簿価額　取得資本金額　みなし配当
$$800 - 600 = 200$$

$$\begin{array}{cccccccc}\text{交付資産の帳簿価額} & & \text{みなし配当} & & & \text{譲渡原価} & & \text{譲渡損失}\\(\quad 800 & - & 200 &) & - & 800 & = & \triangle 200\end{array}$$

＜親法人の税務上の仕訳＞

（借）資　産	800	（貸）みなし配当	200
資本金等の額	200	株　式	800

ところで、上記事例のケースにおける会計上の仕訳は一般的に次のようになるでしょう。

＜親法人の会計上の仕訳＞
（借）資　産　　1,000　　（貸）株　式　　　800
　　　　　　　　　　　　　　　雑　益　　　200

　上記の会計上の仕訳を税務上の仕訳に調整するために申告調整（別表での調整）を行う必要があります。税務上はみなし配当200を収益計上し、これを利益積立金の増加とすることになりますが、会計上の仕訳での雑益200が利益積立金の増加とされ、税務と会計の所得金額は同額となっていますから、特に所得加算は必要としません。交付を受けた資産の取得価額は交付直前の帳簿価額800となりますが、会計上の取得価額は時価である1,000となっているため、差額200を取得資産の帳簿価額から減算する処理を別表五㈠で行います。

　この調整で利益積立金額は△200の状態となりますが、適格現物分配を受けた場合の利益積立金額の増加はみなし配当相当額となり、これは会計処理で行われた金額（雑益）と一致しています。そこで、別表五㈠での利益積立金額の増減は零とする必要がありますから、200を資本金等との調整額として利益積立金額の増加として加算すると同時に、資本金等の額の計算明細書で同額を減少させる処理を行います。

　なお、みなし配当相当額の200は会計処理上の雑益として益金の額に算入されており、法人税法第62条の５第４項の規定により適格現物分配に係る収益の額を益金不算入とする必要があることから、別表四で200を減算流出として処理します。

別表四

区　　　分		総　額	処　　　分		
			留　保	流　　出	
		①	②	③	
当期利益又は当期欠損の額	1			配　当	
				その他	
加算					
減算	適格現物分配に係る益金不算入額	17	200	※	200

別表五（一）　Ⅰ　利益積立金額の計算に関する明細書

区　分	期首現在利益積立金額	当期中の増減		差引翌期首現在利益積立金額
		減	増	
	①	②	③	④
資　産　価　額		200		△200
資　本　金　等			200	200

Ⅱ　資本金等の額の計算に関する明細書

区　分		期首現在資本金等の額	当期中の増減		差引翌期首現在資本金等の額 ①－②＋③
			減	増	
		①	②	③	④
資本金又は出資金	32				
資　本　準　備　金	33				
完全支配関係株式	34		200		△200
差　引　合　計　額	36				

(4)　出資の消却等

　完全支配関係がある親子会社間で、出資の消却、出資の払戻し、社員その他法人の出資者の退社又は脱退による持分の払戻しその他株式又は出資をその発行した法人が取得することなく消滅させることの対価として現物資産が交付された場合のみなし配当の計算は次の算式によります。

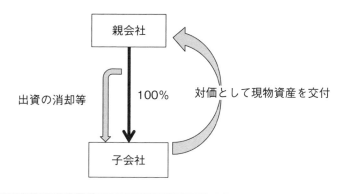

親会社

100%

出資の消却等

対価として現物資産を交付

子会社

対価として交付した資産の交付直前の帳簿価額 − 取得資本金額 ＝ みなし配当金額

　取得資本金額は、一の種類の株式のみ発行している法人は、次の①の種類株式を発行していない法人の算式で計算し、複数の種類の株式を発行している法人は②の種類株式発行法人の算式により計算します。

①　種類株式を発行していない法人

$$\text{資本金等の額又は出資金の額} \times \frac{\text{取得株式数（出資の場合は金額）}}{\text{発行済株式等の総数（出資の場合は総額）}}$$

②　種類株式発行法人

$$\text{取得した株式等に対応する種類資本金額} \times \frac{\text{取得株式数（出資の場合は金額）}}{\text{種類資本金額に対応する種類株式の総数（出資の場合は総額）}}$$

(5) 組 織 変 更

　完全支配関係がある子法人の組織変更に際して、組織変更後の法人の株式以外の資産を交付することは基本的に行われないと考えますが、仮に完全支配関係がある子法人の組織変更に際して組織変更後の法人の株式又は金銭以外の資産が交付された場合には適格現物分配に該当することになります。

第 8 章

適格現物分配
と欠損金の
利用制限

支配関係があるグループ内の法人間で適格現物分配が行われた場合において、資産の移転を受けた法人に欠損金があり、移転を受ける資産に含み益があるときは、移転を受けた資産を譲渡するなど、その含み益を実現し利益が計上されたとしても欠損金を利用することにより実質的に納税が生じない場合があります。

　この方法により、含み益を多額に有するグループ外の法人を買収し、買収後に適格現物分配によりその資産の移転を受けることで、不当に税負担を免れるおそれがあります。そこで、支配関係法人間で適格現物分配が行われた場合には、その子法人（現物分配法人）と親法人（被現物分配法人）との支配関係が5年超等継続するなど一定の要件を満たさないときは、適格現物分配により資産の移転を受けた親法人（被現物分配法人）の支配関係事業年度前の各事業年度の欠損金額及び支配関係事業年度以後の各事業年度の欠損金額のうち、特定資産譲渡等損失額からなる部分の金額はないものとされます（法法57④）。

1 適格現物分配による欠損金の制限の概要

　この規定は、支配関係がある法人との間で行われる適格現物分配において、現物分配により資産の移転を受ける被現物分配法人の欠損金が対象となります。

　支配関係とは、一の者（その者が個人であるときは、その者及び法人税法施行令第4条第1項に規定する特殊の関係のある者（同族関係者）を含みます。）が法人の発行済株式等（自己株式を除きます。）の総数又は総額の50％を超える数又は金額の株式又は出資を保有する場合における一の者と法人との間の関係（直接支配関係）をいいます。この場合、一の者及びこれとの間に直接支配関係がある一若しくは二以上の法人又は一の者との間に直接支配関係がある一若しくは二以上の法人が他の法人の発行済株式等の総数又は総額の50％を超える数又は金額の株式又は出資を保有するときは、一の者は他の法人の発行済株

式等の総数又は総額の50％を超える数又は金額の株式又は出資を保有するものとみなされます（法令4の2①）。

適格現物分配があった場合の被現物分配法人の欠損金の制限に関するフローチャート

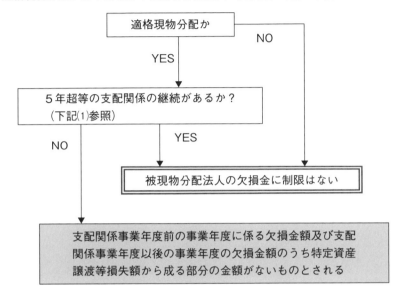

(1) 支配関係の継続について

　被現物分配法人（親法人）と現物分配法人（子法人）との間に支配関係があり、その支配関係が次に掲げる場合には被現物分配法人の欠損金額に制限はありません（法令112④⑨）。

①　現物分配法人と被現物分配法人との間に、被現物分配法人の適格現物分配の日の属する事業年度開始の日の5年前の日から継続して支配関係がある場合

　　次の図のような関係がこれに当たります。

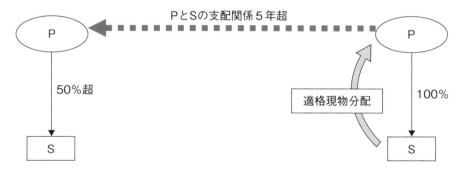

② 　現物分配法人又は被現物分配法人が、被現物分配法人の適格現物分配の日を含む事業年度開始の日の５年前の日後に設立された法人であるときは、現物分配法人の設立の日又は被現物分配法人の設立の日のいずれか遅い日から継続して支配関係がある場合

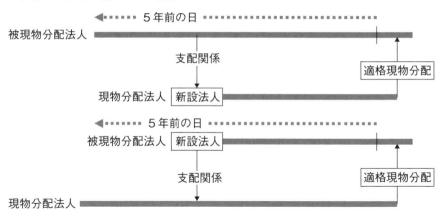

　　ただし、次に掲げる場合を除きます。

イ　被現物分配法人との間に支配関係がある他の内国法人を被合併法人等とする適格合併で、その現物分配法人を設立するもの又は被現物分配法人と他の内国法人との間に最後に支配関係があることとなった日以後に設立されたその現物分配法人を合併法人とするものが行われていた場合（最後に支配関係があることとなった日が被現物分配法人の適格現物分配の日の属する事業年度開始の日の５年前の日以前である場合を除きます。）

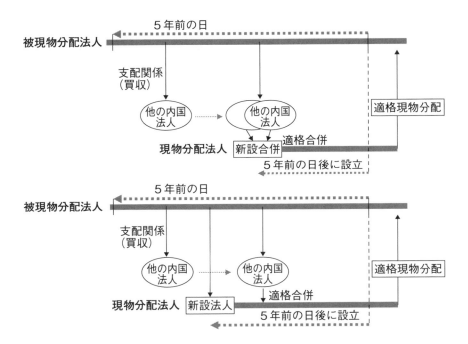

ロ　被現物分配法人と他の内国法人との間に最後に支配関係があることと
　なった日以後に設立された現物分配法人との間に完全支配関係があるその
　他の内国法人（被現物分配法人との間に支配関係があるものに限ります。）
　でその現物分配法人が発行済株式等の全部又は一部を有するものの残余財
　産が確定していた場合（最後に支配関係があることとなった日が被現物分
　配法人の適格現物分配の日の属する事業年度開始の日の５年前の日以前で
　ある場合を除きます。）

　現物分配法人となる法人が被現物分配法人と支配関係があることとなった買収法人の残余財産の確定により含み益のある資産を帳簿価額で引き継いでいると考えられるものです。
　例えば、買収した欠損法人が株式移転により株式移転完全子法人となって、その後その株式移転完全親法人に残余財産の確定により資産を引き継いだ場合などが考えられます。

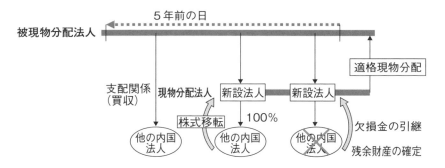

ハ　現物分配法人との間に支配関係がある他の法人を被合併法人、分割法人、現物出資法人又は現物分配法人とする適格組織再編成等で、その被現物分配法人を設立するもの又はその現物分配法人と他の法人との間に最後に支配関係があることとなった日以後に設立された被現物分配法人を合併法人、分割承継法人、被現物出資法人若しくは被現物分配法人とするものが行われていた場合（最後に支配関係があることとなった日が被現物分配法人の適格合併の日の属する事業年度開始の日の５年前の日以前である場合を除きます。）

　被現物分配法人となる法人が適格組織再編成等により現物分配法人と支配関係があることとなった買収法人から含み益のある資産の譲渡を受けていると考えられる場合です。この場合の他の法人は内国法人に限られていません。

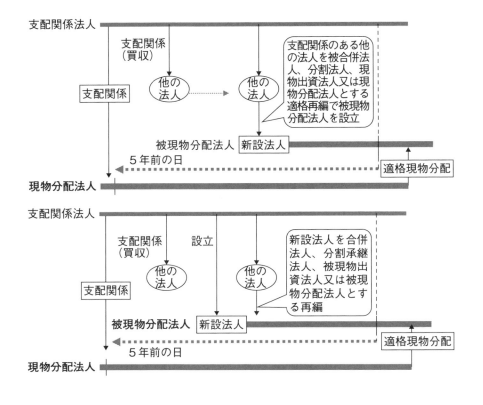

2 制限を受ける欠損金額

　適格現物分配が上記1(1)の要件を満たさないときには、被現物分配法人の次
に掲げる欠損金額はないものとされます（法法57④）。

(1)　現物分配法人との間に最後に支配関係があることとなった日の属する事業
　　年度前の各事業年度で前10年内事業年度に該当する事業年度に生じた欠損金
　　額

(2)　現物分配法人との間に最後に支配関係があることとなった日の属する事業
　　年度以後の各事業年度で前10年内事業年度に該当する事業年度に生じた欠損
　　金額のうち特定資産譲渡等損失額に相当する金額から成る部分の金額

※　特定資産譲渡等損失額とは次の金額の合計額をいいます（法法62の7②）。

　　なお、資産には、棚卸資産（土地を除きます）、短期売買商品、売買目的有価証券、現物分配の日における帳簿価額が1,000万円未満の資産、支配関係発生日における時価が帳簿価額を下回っていない資産及び非適格合併により移転を受けた資産で譲渡損益調整資産に該当しない資産は除かれます。

①　適格現物分配により移転を受けた資産で、現物分配法人が被現物分配法人と最後に支配関係があることとなった日の属する事業年度開始の日前から有していた資産の譲渡、評価換え、貸倒れ、除却その他の事由により損失の額の合計額から譲渡、評価換えその他の事由による利益の額の合計額を控除した金額

②　被現物分配法人が現物分配法人と最後に支配関係があることとなった日前から有していた資産の譲渡、評価換え、貸倒れ、除却その他の事由により損失の額の合計額から譲渡、評価換えその他の事由による利益の額の合計額を控除した金額

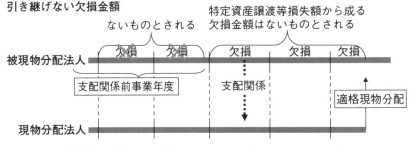

≪参考≫　青色欠損金の繰越期間は下記のようになっています。

繰越期間	適用事業年度
5年	2001年（平成13年）4月1日前開始事業年度
7年	2001年（平成13年）4月1日以後開始事業年度
9年	2008年（平成20年）4月1日以後終了事業年度
10年	2018年（平成30年）4月1日以後開始事業年度

3 欠損金額の制限に関する特例

　上記2により、ないものとされる欠損金額が生じる場合において、被現物分配法人の支配関係事業年度の前事業年度終了の時の含み損益と欠損金額との関

係で、ないものとされる欠損金額について特例が設けられています（法令113④）。

　なお、この特例の適用を受けようとするときは、被現物分配法人は適格現物分配の日の属する事業年度の確定申告書に、特例計算に関する明細書（申告書別表七㈠付表三）を添付し、かつ、被現物分配法人の時価純資産を算定した基礎資料等を保存していることが要件とされています（法令113②④）。

⑴　被現物分配法人の支配関係事業年度の前事業年度終了の時における時価純資産価額が簿価純資産価額以上である場合において、時価純資産価額から簿価純資産価額を減算した金額（時価純資産超過額）が被現物分配法人の支配関係事業年度開始の日前10年以内に開始した各事業年度において生じた欠損金額の合計額以上であるとき又は被現物分配法人の支配関係事業年度前の各事業年度の欠損金額がないとき・・・欠損金額について制限を受けず、被現物分配法人の欠損金額はそのまま利用できます（法令113①一、④）。

【特例計算１】

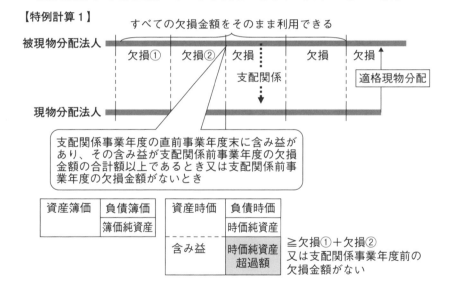

⑵　被現物分配法人の支配関係事業年度の前事業年度終了の時における時価純資産価額が簿価純資産価額以上である場合において、時価純資産価額から簿価純資産価額を減算した金額（時価純資産超過額）が被現物分配法人の支配関係事業年度開始の日前10年以内に開始した各事業年度の欠損金額の合計額

に満たないとき・・・支配関係事業年度開始の日前10年以内に開始した各事業年度の欠損金額の合計額から時価純資産超過額を控除した金額（制限対象金額）がないものとされます。なお、ないものとされる欠損金額は最も古いものから構成されるとして計算します。この場合には、支配関係事業年度以後の各事業年度の欠損金額は制限を受けることなく利用できます（法令113①二、④）。

【特例計算2】

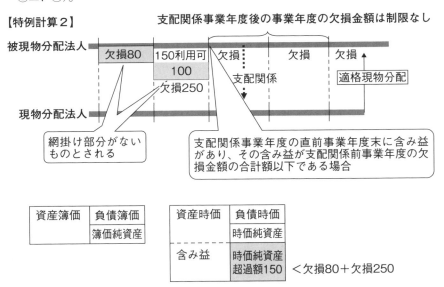

(3) 被現物分配法人の支配関係事業年度の前事業年度終了の時における時価純資産価額が簿価純資産価額に満たない場合で、かつ、その満たない金額（簿価純資産超過額）が支配関係事業年度以後の各事業年度において生じた特定資産譲渡等損失額の合計額に満たないとき・・・支配関係事業年度前の各事業年度における欠損金額の合計額はその全額がないものとされ、簿価純資産超過額に相当する金額が支配関係事業年度以後の特定資産譲渡等損失額の最も古いものから構成されるとして計算した金額（既に損金算入された金額又は欠損繰戻還付請求の対象となった金額を除いた金額）がないものとされます（法令113①三、④）。

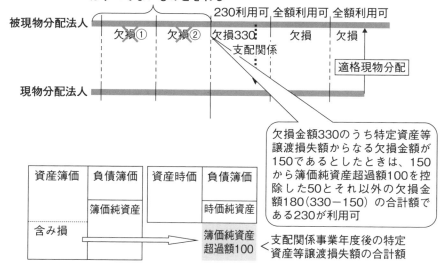

【特例計算３】　支配関係前の各事業年度の欠損金額
　　　　　　　　はすべてないものとされる

被現物分配法人

欠損①　欠損②　欠損330　　230利用可　全額利用可　全額利用可
　　　　　　　　　　支配関係　　欠損　　　　欠損

適格現物分配

現物分配法人

資産簿価	負債簿価	資産時価	負債簿価
	簿価純資産		時価純資産
含み損		簿価純資産超過額100	

欠損金額330のうち特定資産等譲渡損失額からなる欠損金額が150であるとしたときは、150から簿価純資産超過額100を控除した50とそれ以外の欠損金額180（330－150）の合計額である230が利用可

＜支配関係事業年度後の特定資産等譲渡損失額の合計額

4　適格現物分配である場合の欠損金額の制限に関する特例

　適格現物分配の場合には事業を移転するものではなく単に資産の移転のみが生じますから、移転を受けた資産の含み益を限度として欠損金が利用できることになります。そこで、適格現物分配にあっては上記３の欠損金額の制限に関する特例に代えて被現物分配法人の制限を受ける欠損金額は次の区分に応じて次に掲げる金額とすることができます（法令113⑤）。

⑴　移転資産の移転直前（残余財産の全部の分配による適格現物分配にあっては、その残余財産の確定の時。以下⑶まで同じ）の移転時価資産価額が直前の移転簿価資産価額以下である場合（つまり移転資産に含み益がない場合）……制限される欠損金額はないものとします。

【特例計算１】

移転資産に含み損があるため簿価移転を受けた資産を譲渡等しても損失となるため欠損金の利用にはならない

(2) 移転資産の移転直前の移転時価資産価額が直前の移転簿価資産価額を超える場合（つまり移転資産に含み益がある場合）で、その超える金額（移転時価資産超過額）が支配関係事業年度前の欠損金の合計額以下であるとき……支配関係事業年度前の各事業年度の欠損金額のうち最も古いものから順次移転時価資産超過額（含み益に相当する金額）に達するまでの欠損金はないものとされます。支配関係事業年度後の各事業年度で発生した特定資産譲渡等損失額から成る部分の欠損金に係る制限はありません。

【特例計算２】　　　　　　支配関係事業年度後の事業年度の欠損金額は制限なし

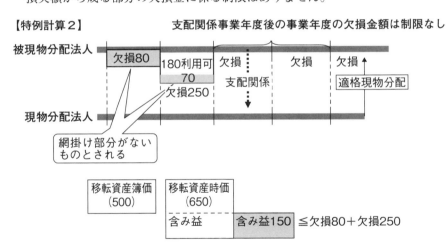

(3) 移転資産の移転直前の移転時価資産価額が直前の移転簿価資産価額を超える場合で、その超える金額（移転時価資産超過額）が支配関係事業年度前の欠損金額の合計額を超えるとき……支配関係事業年度前の各事業年度の欠損金額は全てないものとされます。そして、移転時価資産超過額から支配関係事業年度前の各事業年度のないものとされた欠損金額を控除した金額は、支配関係事業年度後の各事業年度で発生した特定資産譲渡等損失額からなる部

分の欠損金額がないものとします。なお、ないものとされる支配関係事業年度後の各事業年度の特定資産譲渡等損失額からなる部分の欠損金は最も古いものから順次ないものとして計算します。

【特例計算3】 支配関係前の各事業年度の欠損金額はすべてないものとされる

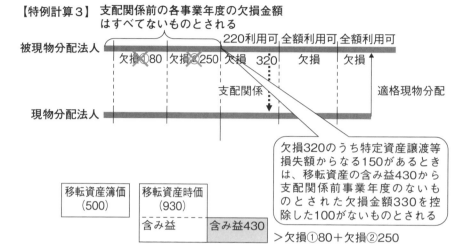

つまり、移転資産に含み益がないときは欠損金の制限を行わず、含み益が原則として制限される欠損金額以下であるときはその含み益に相当する金額の欠損金だけが制限されることになります。

なお、この特例措置の適用を受けるときは、被現物分配法人が適格現物分配の日を含む事業年度の確定申告書に申告書別表七㈠付表四「事業を移転しない適格組織再編成等が行われた場合の控除未済欠損金額の特例に関する明細書」の添付を行うとともに、適格現物分配により移転を受けた資産の時価を算定した基礎資料を保存することとされています（法令113⑥）。

5 適格現物分配により移転を受けた資産が自己株式である場合の含み益の計算特例

適格現物分配により自己株式の移転を受けた場合には、その移転を受けた自己株式は取得時点でその取得価額を資本金等の額を減算する処理を行うこと

され、自己株式の含み損益が将来実現するものではありません。

　そのため、適格現物分配等により自己株式の移転を受け特例計算の適用を受けるときは、自己株式については含み益の計算には影響させないことになります。

　これについては、平成22年8月10日付「平成22年度税制改正に係る法人税質疑応答事例（グループ法人税制関係）（情報）」問16で対応していましたが、平成23年6月30日付の法人税法施行令の改正で、第113条第5項第1号で移転を受けた資産にはその法人の株式又は出資を除くとされ、自己株式を移転資産から除くこととされました。また、移転資産が自己株式等のみであるときは特例計算の別表添付の必要がないことが明確化されました（法令113⑥）。

6 特定資産譲渡等損失額の損金不算入

　支配関係法人との間での適格現物分配で、当事者間の支配関係が5年以上継続していないときは、その適格現物分配の日（適格現物分配が残余財産の全部の分配であるときは、その残余財産の確定の日の翌日）の属する事業年度開始の日以後3年を経過する日（その経過する日が支配関係を有することとなった日以後5年を経過する日後となるときは5年を経過する日）までの期間（対象期間）において生じた特定資産譲渡等損失の額は損金の額に算入しないこととされています（法法62の7①）。

　これは、買収等した法人が買収時に保有していた資産に含み損を有している場合において、適格現物分配として帳簿価額により移転した後に、その移転を受けた資産を譲渡等することでその資産が有していた含み損を実現し課税所得を圧縮する場合があります。また、買収等した法人から移転を受ける資産は多額の含み益を有しているものの、被現物分配法人が含み損のある資産を有しているときは、買収法人から含み益のある資産の移転を受けた後にその資産を譲渡等して譲渡益を計上しても、同一事業年度内に自らが有していた含み損のあ

る資産を譲渡等すれば、移転を受けた資産の譲渡益と自らが有していた資産の譲渡損とを通算することにより課税所得を不当に軽減することが考えられます。

　そこで、このような恣意的な損益通算を防止する観点から、適格現物分配が行われた場合において、子法人と親法人との当事者の支配関係が5年超継続していない場合には、移転を受けた資産で移転法人が支配関係発生日の即する事業年度開始の日前から有していた資産（特定引継資産）の譲渡等損失額又は被現物分配法人が支配関係発生日の属する事業年度開始の日前から有していた資産（特定保有資産）の譲渡等損失額を損金として認めないこととするものです。

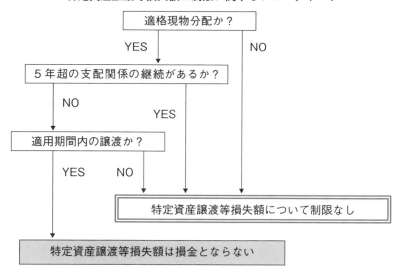

特定資産譲渡等損失額の制限に関するフローチャート

7 特定引継資産の特定資産譲渡等損失額の計算の特例

適格現物分配が行われ、特定資産譲渡等損失額の損金不算入の規定の適用が

ある場合において、現物分配法人の支配関係事業年度の前事業年度終了の時の含み損益の状況により、損金不算入となる特定引継資産に係る譲渡等損失額について特例が設けられています。

なお、この特例の適用を受けようとするときは、合併法人等は特定適格組織再編成等の日の属する事業年度の確定申告書に、特例計算に関する明細書（申告書別表十四(七)、十四(七)付表一～三）を添付し、かつ、支配関係法人の時価純資産を算定した基礎資料等を保存していることが要件とされます（法令123の9①②）。

また、適格現物分配の前5年以内に法人グループを買収し、買収後（支配関係締結後）にその買収した法人グループ間で含み損のある資産を適格再編等により簿価移転した後に、さらに適格現物分配として簿価移転することがあります。

以前は、支配関係発生後に取得した資産は特定引継資産に含まれていませんでしたが、多段階での適格再編を繰り返すことにより、実質的に被買収法人が有していた含み損を買収法人が利用するという潜脱的な手法が見受けられたため、被買収法人グループ内で行われた適格再編により簿価移転した資産をみなし特定引継資産として、この制度の対象とすることとされています。

この場合においても、支配関係締結時にその資産を保有していた法人の時価純資産と簿価純資産の比較により特例計算を認めることとされています（法令123の9④）。

(1)　現物分配法人の支配関係事業年度の前事業年度終了の時における時価純資産価額が簿価純資産価額以上である場合（時価純資産超過）には、特定引継資産に係る特定資産譲渡等損失額はないものとされます。つまり、移転をする法人の時価純資産が含み損でない状況にあるときは、移転後に被現物分配法人に特定引継資産の譲渡損が生じたとしてもその損失について損金不算入とはされません。

　　下記の図のように、現物分配法人の支配関係事業年度の前事業年度終了の時が時価純資産超過であるときは、特定引継資産に係る譲渡等損失額は損金

不算入とはなりません。

現物分配法人の支配関係事業年度の前事業年度

資産簿価	負債簿価	資産時価	負債時価
	簿価純資産		時価純資産
		含み益	時価純資産超過額

(2)　現物分配法人の支配関係事業年度の前事業年度終了の時における時価純資産価額が簿価純資産価額に満たない場合（簿価純資産超過）には、対象期間内において生じた特定引継資産に係る譲渡等損失額のうち、その満たない部分の金額から次の①及び②の金額を控除した金額に達するまでの金額が損金不算入となります。

①　現物分配法人が未処理欠損金額引継の制限に関して、法人税法施行令第113条第1項の規定の適用を受けた場合に、その特例計算で簿価純資産超過額についてないものとされた特定資産譲渡等損失額に相当する金額

②　当該事業年度前の対象期間内の日の属する各事業年度の特定引継資産に係る譲渡等損失額の合計額

現物分配法人の支配関係事業年度の前事業年度

資産簿価	負債簿価	
	簿価純資産	
含み損	簿価純資産超過額	① 現物分配法人が未処理欠損金額引継の制限に関して、法人税法施行令第113条第１項の規定の適用を受けた場合に、その特例計算で簿価純資産超過額についてないものとされた特定資産譲渡等損失額に相当する金額
		② 当該事業年度前の対象期間内の日の属する各事業年度の特定引継資産に係る譲渡等損失額の合計額
		この金額を限度として特定引継資産に係る特定資産譲渡等損失額とすることができる

8 特定保有資産の譲渡等損失額の計算の特例

適格現物分配が行われた場合で、特定資産の譲渡等損失額の損金不算入の規定の適用がある場合において、被現物分配法人の支配関係事業年度の前事業年度終了の時の資産の含み損益の関係により、損金不算入となる特定保有資産に係る譲渡等損失額について特例が設けられています（法令123の９⑦）。

なお、この特例の適用を受けようとするときは、被現物分配法人は適格現物分配の日の属する事業年度の確定申告書に、特例計算に関する明細書（申告書別表十四㈦、十四㈦付表一～三）を添付し、かつ、被現物分配法人の時価純資産を算定した基礎資料等を保存していることが要件とされています（法令123の９①②⑥）。

⑴ 被現物分配法人の支配関係事業年度の前事業年度終了の時における時価純資産価額が簿価純資産価額以上である場合（時価純資産超過）には、特定保有資産に係る特定資産譲渡等損失額はないものとされます。つまり、被現物

分配法人の時価純資産価額が含み損でない状況にあるときは、適格現物分配後に被現物分配法人で特定保有資産の譲渡損が生じたとしてもその損失について損金不算入とはされません。

下記の図のように、被現物分配法人の支配関係事業年度の前事業年度終了の時が時価純資産超過であるときは、特定保有資産に係る譲渡等損失額は損金不算入とはなりません。

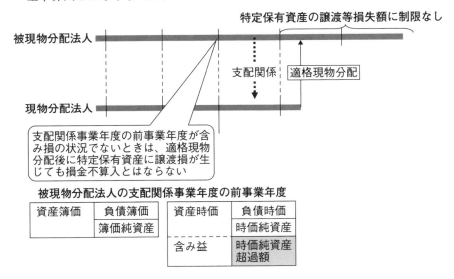

被現物分配法人の支配関係事業年度の前事業年度

資産簿価	負債簿価	資産時価	負債時価
	簿価純資産		時価純資産
		含み益	時価純資産超過額

(2)　被現物分配法人の支配関係事業年度の前事業年度終了の時における時価純資産価額が簿価純資産価額に満たない場合（簿価純資産超過）には、対象期間内に生じた特定保有資産に係る譲渡等損失額のうち、その満たない部分の金額から次の①及び②に掲げる金額の合計額を控除した金額に達するまでの金額が損金不算入となります。

①　被現物分配法人が未処理欠損金額の制限に関して、法人税法施行令第113条第1項の規定の適用を受けた場合に、その特例計算で簿価純資産超過額に相当する金額についてないものとされた特定資産譲渡等損失額に相当する金額とみなした金額

　　つまり、支配関係法人間で適格現物分配が行われた場合において、被現

物分配法人の支配関係事業年度以後の各事業年度において生じた特定資産
譲渡等損失額でないものとされた金額がこれに当たります。

② 　当該事業年度前の対象期間内の日の属する各事業年度の特定保有資産に
係る特定資産譲渡等損失額の合計額（適格現物分配の日の属する事業年度
後の事業年度の場合）

被現物分配法人の支配関係事業年度の前事業年度

資産簿価	負債簿価	
	簿価純資産	
含み損	簿価純資産超過額	① 　被現物分配法人の支配関係事業年度後の各事業年度において特定資産譲渡等損失額としてないものとされた金額
		② 　被現物分配法人の対象期間内の各事業年度において特定保有資産に係る譲渡等損失額とされた金額
		この金額を限度として特定保有資産の譲渡等損失額とすることができる

9 事業を移転しない適格現物分配の場合の譲渡等損失額の計算の特例

　適格現物分配の場合には事業を移転するものではなく単に資産の移転のみが
生じますから、移転を受けた資産の含み益を限度として欠損金が利用できるこ
とになります。

　そこで、事業を移転しない適格現物分配にあってはその移転する資産の含み
損益の状況により特定保有資産の譲渡等損失額の制限を行おうとする特例があ
ります（法令123の9⑩）。

　なお、この特例の適用を受けようとするときは、被現物分配法人は適格現物
分配の日の属する事業年度の確定申告書に、特例計算に関する明細書（申告書
別表十四㈦、十四㈦付表一〜三）を添付し、かつ、支配関係法人から移転を受

けた資産の時価等を算定した基礎資料等を保存していることが要件とされ（法令123の9⑪、法規27の15の2③）、この特例の適用を受けたときは前記8「特定保有資産の譲渡等損失額の計算の特例」の適用はありません。

　ただし、移転を受けた資産が自己の株式のみである場合には特例計算に関する明細書の添付は必要なく、かつ、特定保有資産に係る譲渡等損失額の制限もありません（法令123の9⑪）。

(1) 適格現物分配により移転を受けた資産（自己株式を除きます。以下同じ。）が含み損を有している場合、又は移転を受けた資産が含み益を有している場合で、その含み益の金額が被現物分配法人の支配関係事業年度後の各事業年度において生じた特定資産譲渡等損失額からなるものとして、ないものとされた欠損金額（特例切捨欠損金額）以下である場合には、特定保有資産の譲渡等損失額はないものとされ、損金不算入となる金額は生じません。

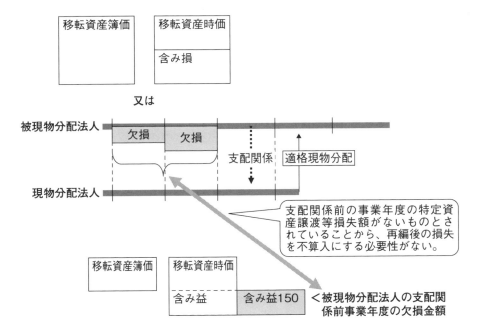

(2) 適格現物分配により移転を受けた資産の時価純資産額が簿価純資産額を超える場合（含み益を有している場合で、その含み益の額が上記(1)に該当する

場合を除きます。）には、時価純資産超過額から①被現物分配法人において特定資産譲渡等損失額から成るものとしてないものとされた欠損金額（特例切捨欠損金額）及び②過年度において特定保有資産に係る譲渡等損失額とされた部分の金額の合計額を控除した金額を限度として、特定保有資産に係る譲渡等損失額とされます。

　つまり、時価純資産超過額から、被現物分配法人の支配関係事業年度以後の各事業年度において生じた特定資産譲渡等損失額でないものとされた金額及び適格現物分配後の事業年度において特定保有資産に係る譲渡等損失額とされた金額を控除した金額を限度として損金不算入額を計算します。

移転資産が時価純資産超過となっている場合

移転資産時価	移転負債時価	
		時価純資産超過額が、被現物分配法人の支配関係事業年度以後の事業年度において生じた特定資産譲渡等損失額を超える場合
	簿価純資産	
含み益	時価純資産超過額	①　被現物分配法人の支配関係事業年度後の各事業年度において特定資産譲渡等損失額から成るものとしてないものとされた金額
		②　被現物分配法人の適用期間内の各事業年度において特定保有資産に係る譲渡等損失額とされた金額
		この金額を限度として特定保有資産の譲渡等損失額とすることができる

第 **9** 章

みなし配当に係る通知義務

株主等である法人が、その有する株式を発行した法人のみなし配当事由により金銭その他の資産の交付を受けた場合には、みなし配当の額を認識し、有価証券の譲渡損益の計算を行わなければなりません。

　しかし、みなし配当の額の計算に際しての割合計算やみなし配当の額について株主等である法人自らが計算できるものではありません。

　そこで、発行法人がみなし配当事由により株主に対して金銭等の交付をするときは次の事項を通知することとされています（法令23④）。

① 　金銭等の交付の基因となった法人税法第24条第1項各号のいずれの事由によるものであるか、その事由の生じた日及び同日の前日（分割型分割、株式分配又は資本の払戻しの場合は、その支払に係る基準日等）における発行済株式等の総数

② 　みなし配当の1株又は一口当たりの金額（口数の定めがない出資にあっては出資者ごとの金額）

　また、株主等である法人は有価証券の譲渡損益の計算も行わなければなりませんが、分割型分割や資本の払戻し又は残余財産の一部分配の場合には、株主等が有する発行法人の株式の一部の譲渡として譲渡損益を計算することになります。つまり、株主等である法人が有する発行法人の株式の帳簿価額の一定割合が譲渡原価の額となります。

　この譲渡原価の額を算出するためには発行法人がみなし配当を算出するうえで用いた割合と同じ割合を用いて計算することとされていますので、この割合についても発行法人が株主等に対して通知する必要があります。

　そのため、分割型分割が行われた場合、株式分配が行われた場合、資本の払戻しが行われた場合又は残余財産の一部分配が行われた場合には、発行法人は株主等に対して分割型分割に係る割合又は資本の払戻し等に係る割合を通知しなければならないとされています（法令119の8②、119の8の2②、119の9②）。

　例えば、資本の払戻しが行われた場合には次のような通知が必要と考えます。

〈株主様に対する資本の払戻しに関する通知〉

このたび、○○株式会社は資本の払戻しを行いましたので次のとおり通知します。

法人税法の根拠条文	法人税法第24条第1項第4号に規定されている資本の払戻し
事由の生じた日	令和○年○月○日
1株当たりのみなし配当の額	×××円
法人税法施行令第23条第1項第4号に規定する割合	0.×××

第 10 章

受取配当等
益金不算入
制度

内国法人が他の内国法人から配当を受領した場合には、二重課税排除の目的から受取配当等の益金不算入の制度の適用を受けることができます（法法23）。

　この場合、みなし配当となる金額についても、法人税法第24条《配当等の額とみなす金額》第1項で、「超える部分の金額は、第23条第1項第1号又は第2号《受取配当等の益金不算入》に掲げる金額とみなす」とされていることから、受取配当等の益金不算入の規定の適用があります。

　そのため、株式等を発行する法人の法人税法第24条第1項各号に掲げる事由により交付された金銭等があり、その金銭等の額にみなし配当となる金額が含まれているときは、そのみなし配当となる金額を受取配当等の益金不算入の対象とすることができます。

(1)　受取配当等の益金不算入制度の概要

　内国法人がその事業年度に受けた受取配当について、①完全子法人株式等、②関連法人株式等、③その他株式等及び④非支配目的株式等に係る配当等の額に区分し、完全子法人株式等に係る配当等の額はその全額を、関連法人株式等に係る配当等の額は負債利子を控除した後の全額を、その他株式等に係る配当等の額はその50％を、非支配目的株式等に係る配当等の額はその20％を益金不算入とします。

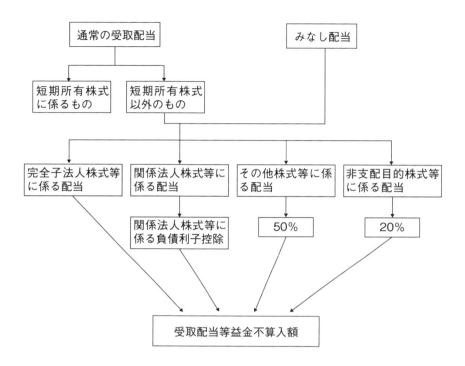

① 完全子法人株式等とは

　配当等の額の計算期間の初日からその計算期間の末日まで継続して、配当を支払う法人と受け取る法人との間に完全支配関係があった場合のその株式がこれに当たります。

　なお、配当等の額がみなし配当に該当するときは、みなし配当等の効力の生ずる日の前日において配当を支払う法人と受け取る法人との間に完全支配関係があった場合に完全子法人株式等に該当します。

　このみなし配当の効力が生ずる日とは、次の日をいいます（法基通2－1－27(5)）。

イ　合併の場合には、合併の効力の生ずる日。ただし、新設合併の場合には、合併により設立される法人の設立登記の日

ロ　分割型分割の場合には、分割の効力の生ずる日。ただし、新設分割の場合には、分割により設立される法人の設立登記の日

ハ　株式分配のうち剰余金の配当によるものについては、当該配当の効力を
　　生ずる日とし、持分会社の利益の配当については、配当をする法人の社員
　　総会又はこれに準ずるものにおいて、利益の配当に関する決議のあった
　　日。ただし、持分会社にあっては定款で定めた日がある場合にはその日

ニ　資本の払戻しの場合には、資本の払戻しに係る剰余金の配当がその効力
　　を生ずる日

ホ　解散による残余財産の分配の場合には、分配開始の日。なお、分配が複
　　数回行われる場合には、それぞれの分配の開始の日

ヘ　自己株式又は出資の取得の場合には、その取得の日

ト　出資の消却、出資の払戻し、社員その他法人の出資者の退社若しくは脱
　　退による持分の払戻し又は株式等を発行法人が取得することなく消滅させ
　　ることが行われた場合には、これらの事実があった日

チ　組織変更の場合には、組織変更の効力を生ずる日

② **関連法人株式等とは**

　　関連法人株式等とは、株主等である内国法人（その内国法人との間に完全
支配関係がある他の内国法人を含んで判定します。）が配当等の額を支払う
他の内国法人の発行済株式等（発行法人が有する自己の株式を除きます。）
の３分の１を超える株式等を、配当等の額の計算期間の初日から計算期間の
末日まで引き続き有している場合のその株式がこれに該当します。

　　この場合の計算期間とは、原則として配当等の額を支払う法人が直前に支
払った配当等に係る基準日の翌日から今回の配当等に係る基準日までの期間
となりますが、次の場合にはそれぞれ次のとおりとなります（法令22①一～
三）。

イ　翌日がその支払を受ける配当等の額の支払に係る基準日から起算して６
　　月前の日以前の日である場合又はその支払を受ける配当等の額が６月前の
　　日以前に設立された法人からその設立の日以後最初に支払われる配当等の
　　額である場合（ハに掲げる場合を除く）　６月前の日の翌日

ロ　その支払を受ける配当等の額がその支払に係る基準日以前６月以内に設

立された法人からその設立の日以後最初に支払われる配当等の額である場合（ハに掲げる場合を除く）　法人の設立の日

ハ　その支払を受ける配当等の額がその配当等の額の元本である株式等を発行した法人からその支払に係る基準日以前6月以内に取得したその元本である株式等につきその取得の日以後最初に支払われる配当等の額である場合　株式等の取得の日

③　その他株式等とは

その他株式等とは、完全子法人株式等、関連法人株式等及び非支配目的株式等のいずれにも該当しない株式をいいます。

④　非支配目的株式等とは

非支配目的株式等とは、配当等の額の支払に係る基準日において、発行済株式等（発行法人が有する自己の株式を除きます。）の5％以下に相当する株式等を有する場合がこれに該当します。なお、基準日における保有株式等には短期保有株式等は除外してその保有割合を算定することとされています（法令22の3①②）。

(2)　みなし配当については短期所有株式の規定の適用はない

受取配当等益金不算入の規定の適用に当たっては、単に配当等を得る目的で配当基準日直前に株式を取得し、配当確定後すぐに譲渡するいわゆる短期所有株式に係る配当等については益金不算入の適用はないこととされています。

この短期所有株式とは、配当等の額の基準日等以前1月以内に取得し、かつ、その株式等と銘柄を同じくする株式等を配当等の基準日等後2月以内に譲渡した場合の、その譲渡をした株式のことをいい、その短期所有株式に係る配当等の額については受取配当等の益金不算入の規定の適用をしないこととしています（法法23②）。

ただし、この適用に当たっては、法人税法第24条第1項の規定により「配当等の額とみなされる金額を除く」とされていますので、短期所有株式に該当す

る株式に係るものであっても、みなし配当は受取配当等の益金不算入の規定の適用があります。

(3) 自己株取得予定株式に係るみなし配当の益金不算入の規定の不適用

　自己株式に係るみなし配当と譲渡損益の仕組みを利用し、自己株式として取得されることがあらかじめ予定されている株式を取得し、その直後に取得価額で発行法人に譲渡することにより、みなし配当の益金不算入に加え譲渡損失の計上により課税所得を圧縮する事例が散見されていました。

　これを防止する観点から、自己株式として取得されることが予定されている株式を取得し、予定どおり取得された場合のみなし配当相当額について、受取配当等の益金不算入の規定の適用はありません（法法23③）。

① 自己株取得に係るみなし配当に係る制限

　内国法人が配当等の額（発行法人による自己の株式又は出資の取得（法法24①五）に係るみなし配当に限ります。）の元本である株式又は出資で、その配当等の額の生ずる基因となる事由（自己株式の取得）が生じることが予定されているものの取得をした場合におけるその取得した株式又は出資に係る配当等の額については、受取配当等の益金不算入の規定は適用しないこととされています（法法23③）。

　なお、この取得には適格合併、適格分割型分割又は適格現物出資による引継ぎも含まれます。この場合、取得した株式等が適格合併、適格分割又は適格現物出資により被合併法人、分割法人又は現物出資法人（被合併法人等）から移転を受けたものである場合で、被合併法人等が取得をしたときにおいて自己株式として取得されることが予定されていたものである場合において、適格合併等により移転後に生じた自己株式の配当等の額、又は自らが取得した時に自己株式として取得されることが予定されていたものについて生じたみなし配当がこれに該当します（法令21）。

　ただし、自己株式として取得された時に、その発行法人と株主等との間に

完全支配関係があるときは法人税法第61条の2第17項の規定の適用により、発行法人に対してその法人の株式を譲渡した場合の譲渡損益は発生しない仕組みとされたことから、同項の規定の適用がある株式、言い換えれば完全支配関係がある法人間では、自己株式として取得されることが予定されている株式であっても、自己株式の取得に係る配当については受取配当等の益金不算入の規定の適用があります。

② 「予定されている」ことの意義

　自己株式として取得されることが予定されていたかどうかは基本的に当事者間の問題であることから、個別判定をせざるを得ないものと考えます。

　ただし、公開買付けなど発行法人が自己株式として取得することを予定し、そのことが公表された後の取得は明らかに予定されている取得となるでしょう。

　また、適格合併、適格分割又は適格現物出資により被合併法人、分割法人又は現物出資法人から移転を受けたものである場合には、被合併法人、分割法人又は現物出資法人が取得したときにおいて自己株式として取得されることが予定されていたものはこの規定の対象となりますが、被合併法人、分割法人又は現物出資法人の取得時点では予定がなかったものは制限の対象とはならないこととされています（法令21）。

　なお、合弁会社を設立して事業を行う場合に、合弁契約書等でその合弁契約を解消するに当たっては、自己株式として買い取る旨の条項がある場合があります。また、取得条項付株式や譲渡制限株式の買取請求について、事前に取得されることが予定されている株式ではないかと疑問視する向きがあります。しかし、このような場合の事前の買取条項は予定されていた株式には含まれないと考えます。

事例14　配当の計算期間1

当社はＡ社の株式をＸ1年10月1日に100％取得し完全子会社化しました。Ａ社は3月決算であるため、Ｘ2年6月にＸ2年3月期の配当を行う予定ですが、この配当は完全子法人株式の配当に該当しますか。

答　完全子法人株式の配当に該当しません。

完全子法人株式とは、配当の額の計算期間の開始の日から末日まで継続して完全支配関係があった場合の株式をいいます（法令22の2①）。

ご質問のケースでは、Ｘ2年6月の配当の計算期間は、Ｘ1年4月1日からＸ2年3月31日までとなります。貴社はＡ社の株式をＸ1年10月1日に取得しており、配当の計算期間の開始の日から末日まで継続して完全支配関係はありませんからＡ社株式は完全子法人株式には該当しないことになります。

事例15　配当の計算期間2

当社はＡ社の株式をＸ1年10月1日に100％取得し完全子会社化しました。

Ａ社は3月決算であるため、Ｘ2年6月にＸ2年3月期の配当を行う予定ですが、この配当は完全子法人株式の配当に該当しますか。

なお、Ａ社はＸ1年11月にＸ1年9月30日を配当の計算期間の末日とするいわゆる中間配当を実施しています。

答　完全子法人株式の配当に該当します。

完全子法人株式とは、配当の額の計算期間の開始の日から末日まで継続して完全支配関係があった場合の株式をいいます。

ご質問のケースでは、Ａ社はＸ1年4月1日からＸ1年9月30日までを計算期間とする、いわゆる中間配当をＸ1年11月に実施していることから、Ｘ2年6月の配当の計算期間は、Ｘ1年10月1日からＸ2年3月31日までとなります。貴社はＡ社の株式をＸ1年10月1日に取得し完全子会社化し、配当の計算期間の開始の日から末日まで継続して完全支配関係を有していることからＡ社株式は完

全子法人株式に該当します。

事例16　配当の計算期間３

> 当社はA社の株式をX1年４月１日に100％取得し完全子会社化しました。A社は３月決算であるため、X2年６月にX2年３月期の配当を行う予定ですが、この配当は完全子法人株式の配当に該当しますか。
>
> なお、A社はここ数年配当を実施していませんでした。

答　完全子法人株式の配当に該当します。

　完全子法人株式とは、配当の額の計算期間の開始の日から末日まで継続して完全支配関係があった場合の株式をいいます。

　ご質問のケースでは、A社は数年配当を実施していないことから、過去に配当を実施したとき以後今回の配当の計算期間の末日まで継続して完全支配関係がないと完全子法人株式に該当しないのではないかとの疑問があるかと思います。

　配当の計算期間の原則は、直前の配当等の額の支払に係る基準日の翌日からその配当等の額の支払に係る基準日までの期間とされています。

　しかし、直前の配当等の額の支払に係る基準日の翌日が今回の配当の支払に係る基準日の１年前の日以前であるときは、今回の配当の計算期間の末日の１年前の日の翌日から今回の配当の計算期間の末日まで完全支配関係を有していれば完全子法人株式となります（法令22の２②一）。

　ご質問のケースでは、X1年４月１日からX2年３月31日まで継続して完全支配関係があれば完全子法人株式となり、貴社はX1年４月１日に100％取得していますのでA社株式は完全子法人株式に該当します。

事例17　配当の計算期間４

当社はA社をX1年8月1日に100％子会社として設立しました。

A社は3月決算であるため、X2年6月にX2年3月期の配当を行う予定ですが、この配当は完全子法人株式の配当に該当しますか。

答　完全子法人株式の配当に該当します。

完全子法人株式は、配当の額の計算期間の開始の日から末日まで継続して完全支配関係があった場合の株式をいいます。

ご質問のケースでは、A社はX1年8月1日に設立され、設立1期目の配当ということになります。

新設法人が、設立後最初に行う配当の計算期間は、その設立の日から配当の計算期間の末日までとされています（法令22の2②二）ので、自らが完全子法人として設立した法人であれば設立後最初の配当から完全子法人株式の配当となります。

事例18　配当の計算期間５

当社は従前からA社を100％子会社として有していましたが、X1年10月1日にA社が増資新株を発行し、当社がこれを引き受けました。

A社は3月決算ですが、X2年6月にX2年3月期の配当を行う予定です。この場合従前から有していた株式と配当計算期間の中途において取得した株式との双方がありますが、これらはいずれも完全子法人株式の配当に該当しますか。

答　完全子法人株式の配当に該当します。

100％子会社に対して、その親会社が事業年度の中途で増資をした場合には、従前の株式と増資新株とで保有期間が異なることになります。

しかし、もともと100％子会社に対して増資したとしても親会社の完全支配という状態に変更はありませんから、増資新株についてはその増資により取得

した日から計算期間の末日まで継続して完全支配があれば完全子法人株式に該当することとされています（法令22の2②三）。

　なお、新設法人が、設立後最初に行う配当の計算期間は、その設立の日から配当の計算期間の末日までとされていますので、自らが完全子法人として設立した法人であれば設立後最初の配当から完全子法人株式の配当となります。

第11章

みなし配当
事由による
有価証券の
譲渡

法人が会社財産をみなし配当事由により株主等に対して払い戻した場合には、一部が資本金等の額からの払戻し、他の部分が利益積立金額からの払戻しとして計算され、利益積立金額からの払戻しと認められる部分を配当等の額とみなすこととされています。

　そのため、資本金等の額から払い戻された部分の金額は実質的に株式の譲渡に係る対価とみることができます。

　みなし配当事由により金銭等の会社財産の払戻しを受けた場合には、みなし配当の計算に併せて株主側の有価証券の譲渡損益を計算することが必要となります（法法61の2）。

　みなし配当事由ごとに有価証券の譲渡損益の規定の適用について以下解説することとします。

1 合　　　併

　合併により被合併法人の株式が消滅しますが税務上はそれを譲渡として捉えています。そして、その譲渡による対価として交付される合併法人株式その他の資産の交付を受けることになり、交付される対価の種類により譲渡損益の計算に違いがあります。

　適格合併の場合には、被合併法人の株主は被合併法人の株式が消滅する対価として合併法人株式（又は合併親法人株式）の交付を受けますが、みなし配当は発生せず被合併法人株式の譲渡損益も生じません。ただし、支配関係法人間での合併で被合併法人の発行済株式等の3分の2以上を保有する法人を合併法人とする合併にあっては、被合併法人の少数株主が合併法人株式又は合併親法人株式以外の資産（金銭等）の交付を受けても適格合併となりますが、この場合の少数株主は被合併法人株式の譲渡損益を計上することになります。

　非適格合併が行われた場合には、被合併法人の株主にみなし配当が生じます。

この場合交付される合併対価が合併法人株式又は合併親法人株式のいずれか一方の株式のみの交付を受けた場合には株式の譲渡損益は計上されず繰延べとなります。ただし、取得した合併法人株式又は合併親法人株式の取得価額は被合併法人株式の合併直前の帳簿価額にみなし配当を加算した金額となります。

また、合併対価が合併法人株式又は合併親法人株式のいずれか一方の株式以外の資産があるときは、被合併法人株式を譲渡し、合併対価として取得した資産（株式やその他の資産）を時価で取得したものとして譲渡損益の計算を行います。

(1)　有価証券の譲渡損益

合併により合併法人から合併対価である合併法人株式又は合併親法人株式のいずれか一方の株式のみの交付を受けた場合と、それらの株式以外の資産の交付を受けた場合とでは、株主側における被合併法人株式の譲渡損益の計算に違いがあります（法法61の2②）。

①　合併法人株式又は合併親法人株式のみが交付された場合

合併により合併法人株式のみが交付された場合又は三角合併として合併親法人株式以外の資産が交付されなかった場合（金銭等不交付合併）には、合併により交付を受けた合併法人株式又は合併親法人株式の取得価額を被合併法人株式の合併直前の帳簿価額として、被合併法人株式に係る譲渡損益を計上しないこととされています。

また、特定無対価合併により被合併法人株式を有しなくなった場合には、被合併法人株式の合併直前の帳簿価額を合併法人株式の取得価額として、被合併法人株式に係る譲渡損益を計上しないこととされています。

ただし、非適格合併によりみなし配当が生じたときは、このみなし配当の金額を合併法人株式又は合併親法人株式の取得価額に加算して処理します。これは、被合併法人に対する投資が合併法人に対する投資又は合併親法人を経由しての間接的な投資に変更されるのみで、投資そのものの継続は維持されていることによります。

(注) 合併親法人株式とは、合併の直前に合併法人の発行済株式等の全部を有する法人をいいます（法令119の7の2①）。

　つまり、旧株を発行した法人の合併により合併法人株式又は合併親法人株式のいずれか一方の株式以外の資産が交付されなかったものについては、旧株の譲渡対価の額は被合併法人株式の合併直前の帳簿価額とすることとされています（法法61の2②）。

　そして、非適格合併により合併法人株式又は合併親法人株式のいずれか一方の株式のみを取得した場合のその取得価額は、被合併法人株式の合併直前の帳簿価額に相当する金額にみなし配当の額及び新株の交付を受けるために要した費用の額を加算した金額とされています（法令119①五）。

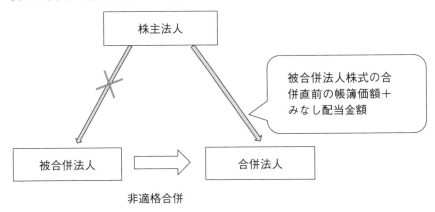

非適格合併

　非適格合併であっても、合併法人株式のみの交付を受けたときは旧株の帳簿価額にみなし配当相当額を加算した金額（交付を受けるために要した費用の額があるときはその費用の額を加算した金額）が交付を受けた合併法人株式の取得価額となります。

（借）合併法人株式　　　×××　　（貸）被合併法人株式　　　×××
　　　　　　　　　　　　　　　　　　　みなし配当収益　　　×××

交付を受けた株式の時価　｜　被合併法人の資本金等の額　｜　譲渡利益の繰延部分

被合併法人株式の合併直前の帳簿価額

みなし配当

取得した合併法人株式の取得価額

（注） みなし配当の対象とならない適格合併により合併法人株式の交付を受けたときは、被合併法人株式の合併直前の帳簿価額を、交付を受けた合併法人株式の取得価額とします。

　例えば、被合併法人株式の合併直前の帳簿価額が500あり、非適格合併により合併法人株式の交付を受けた場合でその合併法人株式の時価が1,000であり、みなし配当が300となる場合には、被合併法人の株主の税務仕訳は次のようになります。

＜税務上の仕訳＞

（借）合併法人株式　　　800　　（貸）被合併法人株式　　　500
　　　　　　　　　　　　　　　　　　みなし配当収益　　　　300

　合併親法人株式のみの交付を受けた場合も、上記と同様になります。

② **無対価合併の場合**

　合併対価の交付をしない無対価合併であっても、交付を省略したとみられる特定無対価合併（法人税法施行令第４条の３第２項第２号ロに規定する関係）にあっては、その合併は適格合併となりますが、現実に合併法人株式の交付を受けません。

　この場合でも、被合併法人株式を譲渡し合併法人株式の交付を受けたもの

として処理しますが、交付を受けたものとみなされる合併法人株式の取得価額は被合併法人株式の合併直前の帳簿価額に相当する金額となり、結果として譲渡損益は繰延べとなります。

＜税務上の仕訳＞

（借）合併法人株式　　　×××　　（貸）被合併法人株式　　　×××

③　合併法人株式以外の資産が交付された場合
　　非適格合併により合併法人株式又は合併親法人株式以外の資産が交付された場合には、被合併法人の株主はみなし配当収益が生じるとともに被合併法人株式の譲渡損益も計上することになります。

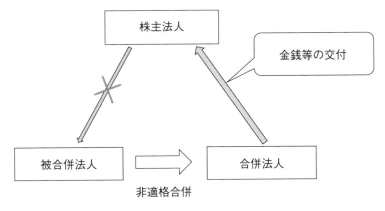

　　この場合の譲渡対価の額は、譲渡の時における有償による被合併法人株式の譲渡により通常得べき対価の額（被合併法人株式の時価）となります。なお、非適格合併によりみなし配当が生じた場合には、通常得べき対価の額からみなし配当相当額を控除した金額となります（法法61の2①一）。

＜税務上の仕訳＞

（借）現預金等　　　×××　　（貸）被合併法人株式　　　×××
　　　　　　　　　　　　　　　　　みなし配当収益　　　×××

（譲渡損失の額　×××又は　　　譲渡利益の額　　　　×××）

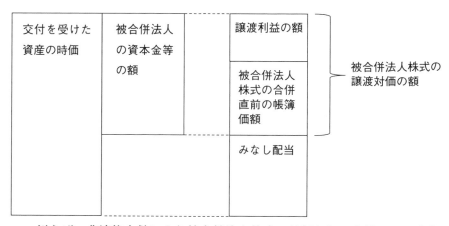

　　例えば、非適格合併により被合併法人株式の対価として金銭1,000の交付
を受けた場合で、合併直前の被合併法人の帳簿価額が500、みなし配当が300
であるときの税務仕訳は次のようになります。

＜税務上の仕訳＞

（借）現預金等　　　　1,000（貸）被合併法人株式　　　500

　　　　　　　　　　　　　　　みなし配当収益　　　　300

　　　　　　　　　　　　　　　譲渡利益の額　　　　　200

(2)　抱合株式の処理

　　合併が行われた場合に抱合株式があるときは、会社法の規定では新株等の交
付ができません。しかし、税務上はこの抱合株式について新株等の交付がな
かった場合に、新株等の交付があった場合と比較して課税上の弊害が生ずるこ
とが考えられます。そこで、抱合株式について新株等の交付がなかった場合で
あっても、交付があったものとして処理することとされています（法法24②）。

　　抱合株式とは、合併法人が合併の直前に有していた被合併法人の株式又は被
合併法人が合併の直前に有していた他の被合併法人の株式をいうとされていま

す。つまり、親会社が子会社を吸収合併する場合の親会社が有する子会社株式
である被合併法人株式、又は被合併法人が二以上ある場合の一方の被合併法人
が有する他方の被合併法人の株式を抱合株式といいます。

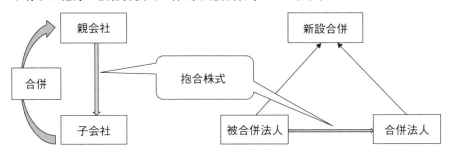

　抱合株式に係る有価証券の譲渡対価の額はその抱合株式の合併直前の帳簿価
額に相当する金額とされ、譲渡損益を計上しないこととされています（法法61
の2③）。

　平成13年の組織再編税制創設時には、被合併法人の他の株主等に対する合併
対価が合併法人株式又は合併親法人株式のいずれか一方の株式であった場合に
は譲渡損益を計上しないこととし、合併対価が合併法人株式又は合併親法人株
式のいずれか一方の株式以外の資産であった場合には譲渡損益を計上するとさ
れていましたが、平成22年度税制改正により合併法人が子会社株式を通じて子
会社の資産・負債を間接的に保有していた状態が、吸収合併により直接保有の
状態に変わることになり、投資の継続は保たれていることから、被合併法人の
他の株主に対する合併対価の種類にかかわらず、譲渡損益を計上しないことと
されました。

　なお、具体的な計算等については、「第5章　合併に伴う抱合株式の処理」を
参照してください。

2 分割型分割

　分割型分割が行われても、分割法人の株主等は、その保有する分割法人株式の数が減少することはありません。しかし、分割法人は資産・負債を分割承継法人へ移転し、その対価として交付を受けた分割対価資産を分割法人の株主等に交付しますから、分割により分割法人の株主等に交付した分割対価資産に相当する金額について分割法人の株式の実質的な価値が減少することになります。

　そこで、分割型分割が行われた場合には、分割法人の株主等は、その分割による移転資産・負債に対応する部分の分割法人株式を譲渡したものとして有価証券の譲渡損益の計算を行うこととしています。

　非適格分割型分割が行われた場合には、分割法人の株主等にみなし配当が生じるとともに、分割法人株式の一部を譲渡し、分割承継法人株式等を取得したものとして有価証券の譲渡損益の計算も行います。

(1) 有価証券の譲渡損益

　非適格分割型分割により分割法人から分割対価である分割承継法人株式又は分割承継親法人株式のいずれか一方の株式のみの交付を受けた場合と、それらの株式以外の資産の交付を受けた場合とでは株主側における分割法人株式の譲渡損益の計算に違いがあります（法法61の2④）。

① 分割承継法人株式又は分割承継親法人株式のいずれか一方の株式のみが交付された場合

　適格分割型分割においては、分割法人の株式のうち分割純資産対応帳簿価額を交付を受けた分割承継法人株式又は分割承継親法人株式の取得価額とし、譲渡損益を繰り延べます。

　また、非適格分割型分割により分割承継法人株式又は分割承継親法人株式のいずれか一方の株式のみが交付された場合には、分割法人の株主はみなし配当収益が生じますが、分割法人株式の譲渡損益は繰り延べることとされて

います。

　つまり、旧株を発行した法人の行った分割型分割により分割承継法人の株式その他の資産の交付を受けた場合には、当該旧株のうち当該分割型分割により当該分割承継法人に移転した資産及び負債に対応する部分の譲渡を行ったものとみなして、有価証券の譲渡損益の規定を適用しますが、分割型分割により分割承継法人の株式又は分割承継親法人の株式のいずれか一方の株式以外の資産が交付されなかったもの（金銭等不交付分割型分割）であるときは、有価証券の譲渡対価の額及び譲渡原価の額のいずれも分割法人株式の分割純資産対応帳簿価額とし、譲渡損益は生じないこととされています（法法61の2④）。

　そして、この場合の分割純資産対応帳簿価額とは、分割法人の株主等が分割直前に有していた分割法人株式の帳簿価額にみなし配当の額の計算における分割資本金額等の計算の基礎となる割合を乗じて計算した金額とされています。

【分割純資産対応帳簿価額の計算式】

$$\text{分割型分割直前の分割法人の株式の帳簿価額} \times \frac{\text{分割型分割直前の移転資産の帳簿価額から移転負債の帳簿価額を控除した金額}}{\text{分割法人の前事業年度終了の時の資産の帳簿価額から負債の帳簿価額を減算した金額}}$$

（注）1　分割直前の資本金等の額が零以下である場合には、割合を零とし資本金等の額及び分母の金額が零以上で分子の金額がゼロ以下であるときは割合を1とします。なお、小数点以下第三位未満の端数は切り上げます。

　　　2　分子の金額が分母の金額を超えるときは分子の金額は分母の金額を限度とします。

　　　3　分母の金額は分割の日の属する事業年度の前事業年度終了の時の金額に基づき計算しますが、分割型分割の日以前6月以内に仮決算に基づく中間申告書（法法72①⑤）の提出があるときはその中間申告期間の末日の時の金額によります。

　　　4　前事業年度終了の時から分割型分割の日までの間に資本金等の額が異動した場合及び利益積立金額が異動した場合（法令9一及び六によるものを除く。）にはそれを調整します。

　つまり、非適格分割型分割であっても、分割承継法人株式が交付された時は、分割法人株式の分割純資産対応帳簿価額にみなし配当の額を加算した金額が、交付を受けた分割承継法人株式の取得価額となります。

（借）分割承継法人株式　　×××　　（貸）分割法人株式　　　×××

　　　　　　　　　　　　　　　　　みなし配当収益　　　×××

　なお、上記算式の分数式部分の割合については、分割法人が分割型分割に際して分割承継法人株式その他の資産の交付をする際に分割法人の株主等に対して通知することとされています。そのため、分割法人の株主等は自らこの割合を算出する必要はなく、分割法人からの通知に従いその通知された割合を自らが有する分割法人株式の分割直前の帳簿価額に乗じて分割純資産対応帳簿価額を算出します。

分割型分割直前の
分割法人の株式の帳簿価額 ×通知による割合＝分割純資産対応帳簿価額（譲渡原価）

　例えば、分割型分割直前の分割法人株式の帳簿価額が1,000であるときに、分割法人から通知を受けた割合（分割割合）が0.35であるとすると、分割純資産対応帳簿価額は350となります。

分割型分割直前の分割法人
　の株式の直前の帳簿価額　　　割合　　　分割純資産対応帳簿価額
　　　1,000　　　　　×　　0.35　　＝　　　　350

【みなし配当の概念図】

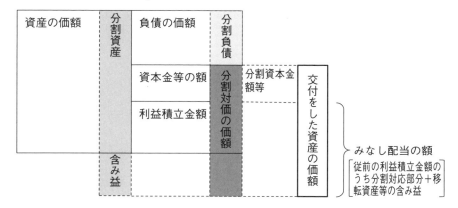

【分割承継法人株式の取得価額の概念図】

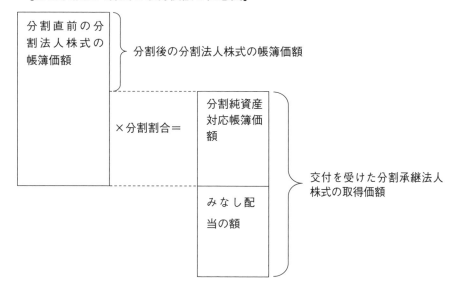

　　分割承継親法人株式のみの交付を受けた場合も、上記と同様になります。

② **分割承継法人株式又は分割承継親法人株式以外の資産が交付された場合**

　　非適格分割型分割により分割承継法人株式又は分割承継親法人株式のいずれか一方の株式以外の資産が交付された場合には、分割法人の株主等はみなし配当収益が生じるとともに、分割法人株式のうち分割移転割合に対応する

部分の株式の譲渡損益も計上することになります。

　つまり、旧株を発行した法人の行った分割型分割により分割承継法人の株式その他の資産の交付を受けた場合には、旧株のうち分割型分割により分割承継法人に移転した資産及び負債に対応する部分の譲渡を行ったものとみなして、有価証券の譲渡損益の規定を適用するとし、分割型分割により分割承継法人株式又は分割承継親法人株式以外の資産の交付を受けたときの譲渡原価の額は分割法人株式の分割純資産対応帳簿価額とし、その譲渡対価の額は分割により通常得べき対価の額（基本的には交付を受けた資産の価額）からみなし配当となる金額を控除した金額として譲渡損益を算出します（法法61の2④）。

　なお、譲渡損益を計算するときの分割法人株式の譲渡原価の額は上記①と同様に分割純資産対応帳簿価額となります。

【分割純資産対応帳簿価額の計算式】

$$分割型分割直前の分割法人の株式の帳簿価額 \times \frac{分割型分割直前の移転資産の帳簿価額から移転負債の帳簿価額を控除した金額}{分割の日の属する事業年度の前事業年度終了の時の資産の帳簿価額から負債の帳簿価額を減算した金額}$$

（注） 　上記計算式における割合に小数点第三位未満の端数があるときはこれを切り上げます。なお、この割合は分割法人が株主等に対して通知することとされていますので、その通知による割合を用いて計算することになります。

　例えば、非適格分割型分割により分割対価として金銭900の交付を受けた場合で、分割直前の分割法人株式の帳簿価額が1,000、通知を受けた割合が0.35、みなし配当が450であるときの税務仕訳は次のようになります。

（借）現預金	900	（貸）分割法人株式	350
		みなし配当収益	450
		譲渡利益の額	100

(2)　割 合 の 計 算

　分割法人におけるみなし配当の計算に用いる割合及び分割法人の株主等にお

ける分割純資産対応帳簿価額を算出する場合に用いる割合については、下記の通り前期期末時の簿価純資産価額に占める移転資産の簿価純資産価額の割合とされています。

【割合の原則計算】

$$\frac{\text{分割型分割直前の移転資産の帳簿価額}}{\text{分割の日の属する事業年度の前事業年度終了の時の}}$$

分割型分割直前の移転資産の帳簿価額
から移転負債の帳簿価額を控除した金額
―――――――――――――――――――――――――
分割の日の属する事業年度の前事業年度終了の時の
資産の帳簿価額から負債の帳簿価額を減算した金額

(注) 1　分割直前の資本金等の額が零以下である場合には、割合を零とし資本金等の額及び分母の金額が零以上で分子の金額が零以下であるときは割合を1とします。なお、小数点以下第三位未満の端数は切り上げます。

　　　2　分子の金額が分母の金額を超えるときは分子の金額は分母の金額を限度とします。

　　　3　分母の金額は分割の日の属する事業年度の前事業年度終了の時の金額に基づき計算しますが、分割型分割の日以前6月以内に仮決算に基づく中間申告書（法法72①⑤）の提出があるときはその中間申告期間の末日の時の金額によります。

　　　4　前期期末時から分割型分割の日までの間に資本金等の額が異動した場合及び利益積立金額が異動した場合（法令9一及び六によるものを除く。）にはそれを調整します。

> 　税法の解釈として、「減算」とは引いて引ききれないときは答えが負となることを意味し、「控除」とは引いて引ききれないときは答えが零となることを意味しています。

　この割合を厳密に計算するためには分母の金額を分割直前の簿価純資産価額として行うべきでしょうが、現実問題としてその金額を正確に把握することが困難であることから、分割時点で客観的に判明している分割の日の属する事業年度の前事業年度終了の時の簿価純資産価額を採用することとしています。ただし、分割型分割の日以前6月以内に法人税法第72条の仮決算に基づく中間申告書の提出があるときは、その中間申告期間の終了の時の資産の帳簿価額から負債の帳簿価額を減算した金額に基づき計算することとされています。これは、仮決算に基づく中間申告書を提出したときはその中間申告期間終了の日に

おける貸借対照表がその中間申告書に添付され、客観的にその時の簿価純資産価額が判明していることによります。

ただし、分割の日の属する事業年度の前事業年度終了の時から分割型分割の直前の時までに資本金等の額又は利益積立金額（法令９一及び六に掲げる金額を除きます。）が増加又は減少した場合には、増加した金額を加算し、減少した金額を減算して調整します。

これは、前事業年度終了の時から分割型分割の直前までに再編やみなし配当事由により資本金等の額や利益積立金額が異動する場合があり、この異動による金額は決算手続を経なくてもその異動する金額が明らかであることから、計算の正確性を期すために調整を加えることとされています。

【仮決算に基づく中間申告書の提出があった場合の割合の計算】

$$\frac{\text{移転資産の帳簿価額から移転負債の帳簿価額を控除した金額}}{\text{中間申告期間の終了の時の資産の帳簿価額から負債の帳簿価額を減算した金額}}$$

(注) 分子の金額が分母の金額を超える場合には、分子の金額は分母の金額を限度とします。

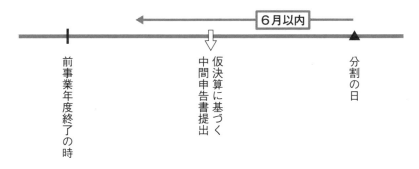

なお、分母の金額は資産の帳簿価額から負債の帳簿価額を減算した金額とされる一方、分子の金額は資産の帳簿価額から負債の帳簿価額を控除した金額とされ、減算と控除という言葉で規定が異なっています。

税法の解釈として、「減算」とは引いて引き切れないときは答えが負となることを意味し、「控除」とは引いて引き切れないときは答えが零となることを意味しています。

ところで、分割法人の簿価純資産価額がマイナス（債務超過）となっている場合や分割法人の資本金等の額がマイナスとなっているケースも考えられます。このような特殊な場合には計算が不能となる状況が生じる場合もあることから、割合計算における一定の約束事が設けられていますので、各ケースごとにその計算例を挙げてみます。

① 資本金等の額、前事業年度終了の時の簿価純資産価額及び移転簿価純資産価額のいずれもがプラスのケース

　　これは一般的なケースです。簿価純資産価額に占める移転資産の簿価純資産価額はいずれも正の数値となっていますから、その金額のままで計算し、小数点以下第三位未満の端数を切り上げて割合を求めます。

　　ただし、移転資産の簿価純資産価額である分子の金額が、前事業年度終了の時の簿価純資産価額の金額である分母の金額を超えるときは割合を１とすることとされています。例えば、多額の債務があるものの会社全体としての簿価純資産価額はプラスとなっている法人がその多額の負債を残して資産を分割承継法人に移転することにより、移転簿価純資産価額が前期末簿価純資産価額を上回るようなケースです。

　　この場合、そのまま計算すると割合が１を超えてしまい、単純にその割合に期末の資本金等の額を乗じて計算するとその法人の資本金等の額を上回る金額を移転することになり不都合が生じることから、分母・分子いずれも正の数値の場合には分子の金額は分母の金額を限度とすることとされています。

$$\frac{\text{移転資産の帳簿価額から移転負債の帳簿価額を控除した金額（プラスの金額）}}{\text{分割の日の属する事業年度の前事業年度終了の時の資産の帳簿価額から負債の帳簿価額を減算した金額（プラスの金額）}}$$

② 資本金等の額及び移転簿価純資産価額がプラスで、前事業年度終了の時の簿価純資産価額がマイナスのケース

　　債務超過会社が、価値ある事業を移転する場合にこのようなケースが生じます。

割合計算において、直前の資本金等の額及び分子の移転資産・負債の簿価純資産価額が零を超え、かつ、分母の前事業年度終了の時の簿価純資産価額が零以下である場合には割合を１とすることとされています。

　つまり、債務超過の会社が価値ある事業を移転した場合には、移転割合の計算上はプラスの金額をマイナスの金額で除すことになり、数学的にはマイナスの割合となってしまいます。このままでは資本金等の額の調整が不可能となるので、債務超過会社が価値ある事業を移転した場合には、その移転により資本金等の全額を引き継いでいくという考え方に立って、割合を１とすることとされています。

$$\frac{\text{移転資産の帳簿価額から移転負債の}}{\substack{\text{帳簿価額を控除した金額（プラスの金額）}\\ \text{分割の日の属する事業年度の前事業年度}\\ \text{終了の時の資産の帳簿価額から負債の}\\ \text{帳簿価額を減算した金額（マイナスの金額）}}} \Rightarrow 1$$

③　資本金等の額がプラスで移転簿価純資産価額が零、前事業年度終了の時の簿価純資産価額がマイナスのケース

　債務超過会社が、債務超過事業を移転する場合にこのようなケースが生じます。

　前事業年度終了の時の簿価純資産価額がマイナスの場合とは債務超過会社が該当することになります。移転資産・負債の簿価純資産価額が零ということは、資産と負債の額が同額又は負債が資産の価額を上回る場合がこれに当たります。

　そうすると、割合計算上は零をマイナスの数値で除することになり、答えは零となります。よって、移転する資本金等の額は零として処理し、移転資産・負債の差額は全額利益積立金額（マイナスの利益積立金額）で調整します。

$$\frac{\text{移転資産の帳簿価額から移転負債}}{\substack{\text{分割の日の属する事業年度の前事業年度}\\\text{終了の時の資産の帳簿価額から負債の}\\\text{帳簿価額を減算した金額（マイナスの金額）}}}=0$$

④ 資本金等の額がマイナスのケース

　過去のみなし配当の計算により多額の資本金等の額のマイナスが生じた結果、資本金等の額そのものがマイナスとなってしまった場合があります。これは平成13年の税制改正で再編やみなし配当の計算により資本金等の額がマイナスとなる場合があり得るとされたためです。

　例えば、適格分割型分割が行われた場合に、利益積立金額の移転額を先に計算し移転資産等の簿価純資産から移転利益積立金額を控除した残額を資本金等の額とするとされていたため、資本金等の額がマイナスになってしまったものです。また、種類株式発行法人が種類株式を取得した場合であっても資本金等の額に種類資本の概念を設けていなかったため、普通株式及び種類株式を一体として計算したことから、減算すべき資本金等の額が多額に生じ、資本金等の額がマイナスとなってしまった法人もあるようです。

　利益積立金額は含み益のある資産を売却したり、将来における事業の利益で取り戻せることもありますが、株主等から出資を受けた金額である資本金等の額はいったんマイナスとなってしまうとそれを取り戻す手段がないことから、平成18年度の税制改正により種類株式発行法人における種類資本の規定を創設し、資本金等の額をより正確に計算する手法が採用されました。また、平成22年度税制改正で、分割型分割が行われた場合の計算手法をそれまでとは全く逆（資本金等の額を先に計算し、差額を利益積立金額とする）としたため、今後は再編等によって資本金等の額がマイナスとなることはないと考えます。

　しかし、過去の経緯により資本金等の額が結果としてマイナスとなってしまった法人もあることから、分割型分割が行われた場合に直前の資本金等の額が既に零又はマイナスとなっているときは、計算における割合は零とする

こととされました。これにより、分割直前の資本金等の額が零以下であるときは分割により移転する資本金等はないものとされますので、移転資産・負債の差額はすべて利益積立金で調整することになります。

分割直前の 資本金等の額	移転資産等の 簿価純資産	前期期末時の 簿価純資産	割　合
零を超える場合	零を超える場合	零以下の場合	1
	零の場合	零以下の場合	零
零以下の場合			零

3　株　式　分　配

　税法における株式分配とは、現物分配（剰余金の配当又は利益の配当に限る。）のうち、現物分配の直前において現物分配法人により発行済株式等の全部を保有されていた法人（完全子法人）の発行済株式等の全部が移転するものをいいます。

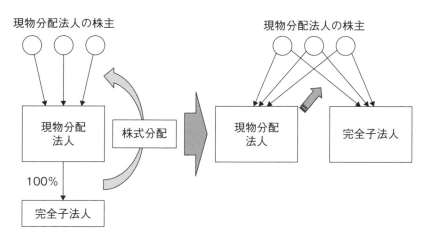

　この株式分配が行われたときは、現物分配法人の株主は、株式分配直前の現物分配法人の株式の一部の譲渡を行ったものとされます。

この場合の譲渡原価の計算は、株式分配直前の現物分配法人の株式の帳簿価額に一定の割合を乗じた金額（完全子法人株式対応帳簿価額）とされています。

【完全子法人株式対応帳簿価額の算出】

現物分配法人株式の譲渡原価の額は、株主が有する現物分配法人の株式分配直前の帳簿価額に、みなし配当を計算する場合の割合（法令23①三に規定する割合）を乗じた金額となります。

$$\text{株式分配直前の現物分配法人の株式の帳簿価額} \times \frac{\text{完全子法人株式の帳簿価額}}{\substack{\text{現物分配法人の前事業年度}\\\text{終了の時の簿価純資産価額}}}$$

(注) 1　分配直前の資本金等の額が零以下である場合には、割合を零とし分配直前の資本金等の額及び算式の分子の金額が零を超え、かつ、算式の分母の金額が零以下である場合には割合を1とします。なお、小数点以下第三位未満の端数は切り上げます。

　　　2　分子の金額が分母の金額を超えるときは分子の金額は分母の金額を限度とします。

　　　3　分母の金額は、株式分配の日の属する事業年度の前事業年度終了の時の金額に基づき計算しますが、株式分配の日以前6月以内に仮決算に基づく中間申告書（法法72①⑤）の提出があるときは、その中間申告期間終了の時の金額によります。

　　　4　前事業年度終了の時から株式分配の直前の時までの間に資本金等の額又は利益積立金額（法令9一及び六を除く。）が増加し又は減少した場合には、分母の金額に増加した金額を加算し減少した金額を減算します。

　　　※　割合の計算は、基本的に分割型分割と同様ですから、「2　分割型分割の(2)　割合の計算（P170）」を参照してください。

そして、株式分配が適格株式分配であるときは、現物分配法人の株式の帳簿価額の一部を、交付を受けた完全子法人の株式の帳簿価額に付け替えます。

（借方）完全子法人株式　　×××／（貸方）現物分配法人株式　　×××

非適格の株式分配（完全子法人株式以外の資産が交付されなかったもので、現物分配法人の株主が有する株式の数等の割合に応じて交付されたもの（金銭

等不交付株式分配という））のときは、完全子法人株式対応帳簿価額にみなし配当の額を加算した金額を完全子法人株式の取得価額とします。

（借方）完全子法人株式　　×××／（貸方）現物分配法人株式　　×××
　　　　　　　　　　　　　　　　　　　　みなし配当　　　　　×××

　なお、完全子法人株式の交付を受けるために要した費用があるときは、その費用の額を完全子法人株式の取得価額に加算します。

　また、金銭等不交付株式分配に該当しないときは、株式分配により交付を受けた完全子法人株式その他の資産の時価からみなし配当の額を控除した金額を譲渡対価の額として譲渡損益を算出します。

（借方）完全子法人株式　　×××／（貸方）現物分配法人株式　　×××
　　　　その他の資産（時価）　　　　　　　みなし配当　　　　　×××
　　　　（譲渡損失　　　×××　又は　　譲渡利益　　　　　×××）

4 資本の払戻し

　税務における資本の払戻しとは、「剰余金の配当（資本剰余金の額の減少に伴うものに限る。）のうち、分割型分割によるもの及び株式分配以外のものをいう」とされています。
　会社法では剰余金の配当をする場合に一定の財源規制はありますが、利益剰余金から配当を行うか資本剰余金から配当を行うかは法人の任意となります。
　そこで、税務においては利益剰余金のみを原資として剰余金の配当をした場合には、本来の配当として処理しますが、資本剰余金を原資として配当をした場合にはみなし配当として処理することとされています。

そして、資本の払戻しにより発行法人から金銭その他の資産の交付を受けた株主等は、発行法人に対する有価証券の部分譲渡として有価証券の譲渡損益も算出します（法法61の2⑱）。

(1) 有価証券の譲渡損益

① 種類株式を発行していない法人

資本の払戻しにより発行法人から金銭その他の資産の交付を受けたときは、その直前の有価証券の帳簿価額に、みなし配当の計算に用いた割合（法令23①四）を乗じた金額を有価証券の譲渡原価の額とし、払戻しを受けた金銭その他の資産の価額からみなし配当相当額を控除した金額を有価証券の譲渡対価の額として、譲渡損益を算出します。

$$払戻し直前の有価証券の帳簿価額 \times \frac{払戻しにより減少した資本剰余金の額}{払戻し等の日の属する事業年度の前事業年度終了の時の資産の帳簿価額から負債の帳簿額を減算した金額} = 譲渡原価$$

(注) 1　資本の払戻し直前の資本金等の額が零以下である場合には割合を零とし、直前の資本金等の額が零を超え、かつ、分母の金額が零以下である場合は割合を1とします。なお、少数点以下第三位未満の端数は切り上げます。

　　　2　分子の金額が分母の金額を超えるときは分子の金額は分母の金額を限度とします。

　　　3　分母の金額は資本の払戻しの日の属する事業年度の前事業年度終了の時の金額に基づき計算しますが、資本の払戻しの日以前6月以内に仮決算に基づく中間申告書（法法72①⑤）の提出があるときはその中間申告期間の末日の時の金額によります。

　　　4　前期期末時から資本の払戻しの日までの間に資本金等の額が異動した場合及び利益積立金額が異動した場合（法令9一及び六によるものを除く。）にはそれを調整します。

② 種類株式発行法人

種類株式発行法人にあっては、資本の払戻しに係る株式の種類ごとに、払戻し直前の種類株式に係る種類払戻割合に基づき有価証券の譲渡原価の計算を行います

$$\boxed{\text{払戻し直前の種類株式の帳簿価額×種類払戻割合＝譲渡原価}}$$

　上記の算式における種類払戻割合は、種類資本金額（別表五（一）付表「種類資本金額の計算に関する明細書」で株式の種類ごとに区分管理している、その種類資本金額をいいます。）ごとに次の算式により計算します（法令23①四ロ、119の9①二）。

$$\frac{\text{減少した払戻しに係る種類資本金額}^{(※1)}}{\text{種類資本金額に対応する簿価純資産価額}^{(※2)}}＝\text{種類払戻割合}$$

※1　減少した払戻しに係る種類資本金額は、減少した資本剰余金の額が種類株式ごとに明らかな場合には、その金額により計算し、明らかでない場合には減少した資本剰余金の額に直前資本金等の額の合計額に占める払戻直前の各種類株式に係る種類資本金額（種類資本金額が零以下である場合には零とします。）の占める割合を乗じて計算した計算した金額とします。

※2　種類資本金額に対応する簿価純資産価額は、前期末簿価純資産価額（種類株式を発行していない法人の計算式の分母の金額）に直前資本金等の額のうちに直前種類資本金額の占める割合を乗じて計算した金額となります。

　　　なお、払戻し以前6月以内に仮決算による中間申告書の提出があるときは、その中間申告期間終了の時の簿価純資産価額により計算します。

（注）　直前種類資本金額又は直前資本金等の額が零以下である場合には割合を零とし、直前種類資本金額及び直前資本金等の額が零を超え、かつ、分母の金額が零以下であるときは割合を1とします。なお、少数点以下第三位未満の端数は切り上げます。

> 　税法の解釈として、「減算」とは引いて引ききれないときは答えが負となることを意味し、「控除」とは引いて引ききれないときは答えが零となることを意味しています。

　なお、上記算式の分数式部分の割合については、資本の払戻しを行った法人が株主等である法人に対して通知することとされています。そのため、資本の払戻しを受けた株主等は自らこの割合を算出する必要はなく、発行法人からの通知に従い自らが所有する発行法人の有価証券の帳簿価額に乗じて譲渡損益を算出します。

（払戻し対価－みなし配当相当額）－有価証券の帳簿価額×通知による割合＝譲渡損益

　例えば、資本の払戻し直前の有価証券の帳簿価額が1,000であるときに、発行法人から資本の払戻しとして500の金銭の交付を受け、内150がみなし配当に該当している場合において、発行法人から通知を受けた割合を0.30とします。

　有価証券の譲渡原価は、払戻し直前の有価証券の帳簿価額1,000に割合である0.30を乗じた300となります。そして譲渡対価は、交付金銭の額500からみなし配当相当額150を減算した350となりますから、50の譲渡利益が生じたことになります。

　（500円－150円）　－1,000円×0.30＝50円

　（借）現預金　　　　　500　　（貸）有価証券　　　　300
　　　　　　　　　　　　　　　　　　　みなし配当　　　　150
　　　　　　　　　　　　　　　　　　　譲渡利益　　　　　50

(2)　割 合 の 計 算

　資本の払戻しを行った法人の簿価純資産価額がマイナス（債務超過）となっている場合や払戻法人の資本金等の額がマイナスとなっているケースも考えられます。このような特殊な場合には計算が不能となる状況が生じることもあるため、計算における一定の約束事が設けられていますので、各ケースごとにその計算例を挙げてみます。

①　資本金等の額が零以下の場合

　資本の払戻し直前の資本金等の額が零以下の場合には、資本金等の額からの払戻しがないものとして計算する必要があります。そのため、払戻し直前の資本金等の額が零以下となっている場合には、割合を零として計算することとされています。その結果として譲渡原価の額は零となります。

なお、この場合には資本の払戻しにより交付を受けた金銭等の額の全額が
みなし配当となりますから、有価証券の譲渡損益は生じないことになりま
す。

　例えば、資本の払戻し直前の有価証券の帳簿価額が1,000であるときに、
発行法人から資本の払戻しとして500の金銭の交付を受け、その全額がみな
し配当に該当している場合において、発行法人から通知を受けた割合を0.00
とします。

　有価証券の譲渡原価は、払戻し直前の有価証券の帳簿価額1,000に割合で
ある0.00を乗じた零となります。そして譲渡対価は、交付金銭の額500から
みなし配当相当額500を減算した零となりますから、譲渡損益も零になりま
す。

（500円－500円）－1,000円×0.00＝0円

（借）現預金　　　　500　　（貸）みなし配当　　　　500

②　債務超過会社で資本金等の額が零を超えている場合

　払戻し直前の資本金等の額が零を超えている法人で前期末簿価純資産価額
が零以下（債務超過）である場合には、割合計算の分子がプラス、分母がマ
イナスとなり、計算は不能となります。そこで、このような場合には、割合
を1として計算することとしています。

　そのため、このような状況にあるときは発行法人に対する有価証券の帳簿
価額の全額が譲渡原価となり、払戻しにより交付を受けた金銭等の額からみ
なし配当相当額を控除した金額を譲渡対価の額として譲渡損益を算出しま
す。

　例えば、資本の払戻し直前の有価証券の帳簿価額が1,000であるときに、
発行法人から資本の払戻しとして500の金銭の交付を受け、みなし配当は零
である場合において、発行法人から通知を受けた割合を1とします。

有価証券の譲渡原価は、払戻し直前の有価証券の帳簿価額1,000に割合である1を乗じた1,000となります。そして譲渡対価は、交付金銭の額500となりますから、譲渡損失500が生じることになります。

500円－1,000円×1＝△500円

| （借） | 現預金 | 500 | （貸） | 有価証券 | 1,000 |
| | 譲渡損失 | 500 | | | |

③ 前期期末時から資本の払戻し直前までの間に資本金等の額又は利益積立金額が異動した場合

　割合計算の分母の金額は、資本の払戻しを行った法人の前期期末時（資本の払戻しの日の属する事業年度の前事業年度終了の時（その終了の時から払戻しの日までの間に仮決算に基づく中間申告書の提出があった場合には、その中間申告期間終了の時））の資本の帳簿価額から負債の帳簿価額を減算した金額とされています。

　ただし、前期期末時から資本の払戻しの直前の時までに資本金等の額又は利益積立金額（法令9一及び六に掲げる金額を除きます。）が増加又は減少した場合には、増加した金額を加算し、減少した金額を減算して調整します。

　これは、前期期末時から資本の払戻しの直前までに再編やみなし配当事由により資本金等の額や利益積立金額が異動する場合があり、この異動による金額は決算手続を経なくてもその異動する金額が明らかであることから、計算の正確性を期すために調整を加えることとされています。

(3)　資本の払戻しがあった場合の申告調整

　企業会計上その他資本剰余金の処分による配当を受けた場合、株主側ではその対象となった有価証券の帳簿価額を減額して処理することとされ、原則として収益計上を行いません。

(注) 企業会計基準委員会による平成14年2月21日付企業会計基準適用指針第3号「その他資本剰余金の処分による配当を受けた株主の会計処理」(最終改正平成17年12月27日)

そのため、基本的には税務調整が必要となります。

例えば、資本剰余金からの配当を受けた株主等において次の仕訳をしましたが、税務上みなし配当が500発生したとします。そして、払戻し直前の有価証券の帳簿価額が600あり、発行法人から通知を受けた割合が0.30とします。

＜会計上の仕訳＞

（借）現預金　　　　700　　（貸）その他有価証券　　800

　　　租税公課　　　100

この場合の税務上の仕訳は次のようになります。

＜税務上の仕訳＞

（借）現預金　　　　700　　（貸）有価証券　　　　　180

　　　租税公課　　　100　　　　　みなし配当収益　　500

　　　　　　　　　　　　　　　　　譲渡利益　　　　　120

そうすると、次の申告調整が必要となります。

別表四

区　分		総　額	処　分		
			留　保	社 外 流 出	
		①	②	③	
当期所得又は当期欠損金額		×××	×××	配　当	
				その他	
加　算	有価証券譲渡利益	120	120		
	配当収益	500	500		
減　算	受取配当益金不算入		×××		×××

※受取配当益金不算入の金額は、有価証券の区分に応じ別途計算した金額となります。

別表五㈠　　　　　　Ⅰ　利益積立金額の計算に関する明細書

区　分	期首現在利益積立金額	当期の増減		差引翌期首現在利益積立金額
		減	増	
	①	②	③	④
有　価　証　券			620	620

5 残余財産の分配

　残余財産の分配は、株主等に対して会社財産を清算するために行われます。この場合には、利益剰余金からの分配と資本剰余金からの分配とに特に区分することなく行われますが、税務においては資本金等の額を超える分配はみなし配当として捉えることとしています。

　残余財産の分配にはその一部を分配する場合と、最終分配のように全部を分配する場合とがありますが、一部分配の場合には資本金等の額と利益積立金額とが一定の割合で分配されたものとしてみなし配当の額を計算し、残余財産の全部の分配の時はその時点の資本金等の額を超える部分の分配がみなし配当となります。

　そして、残余財産の分配により発行法人から金銭その他の資産の交付を受けた株主等は、発行法人に対する有価証券の部分譲渡又は全部譲渡として有価証券の譲渡損益を算出します。

　残余財産の分配による有価証券の譲渡原価の計算は、その残余財産の一部分配か全部の分配かにより異なります。

(1)　残余財産の一部の分配の場合

①　有価証券の譲渡損益

　残余財産の一部の分配により発行法人から金銭その他の資産の交付を受けたときは、その分配直前の有価証券の帳簿価額に、みなし配当の計算に用い

た割合（法令23①四）を乗じた金額を有価証券の譲渡原価の額とし、分配を
受けた金銭その他の資産の価額からみなし配当相当額を控除した金額を有価
証券の譲渡対価の額として、譲渡損益を算出します（法法61の2⑱、法令119
の9①）。

$$\text{分配直前の有価} \atop \text{証券の帳簿価額} \times \frac{\text{分配により交付した資産の価額の合計額}}{\substack{\text{払戻し等の日の属する事業年度の}\\ \text{前事業年度終了の時の資産の帳簿}\\ \text{価額から負債の帳簿価額を減算した金額}}} = \text{譲渡原価}$$

(注) 1　残余財産の分配直前の資本金等の額が零以下である場合には、割合を零と
　　　し、資本金等の額及び分母の金額が零以上で分子の金額が零以下であるときは
　　　割合を1とします。なお、小数点以下第三位未満の端数は切り上げます。
　　2　分子の金額が分母の金額を超えるときは分子の金額は分母の金額を限度と
　　　します。
　　3　分母の金額は残余財産の分配の日の属する事業年度の前事業年度終了の時
　　　の金額に基づき計算しますが、残余財産の分配の日以前6月以内に仮決算に
　　　基づく中間申告書（法法72①⑤）の提出があるときはその中間申告期間の末
　　　日の時の金額によります。
　　4　前期期末時から残余財産の分配の日までの間に資本金等の額が異動した場
　　　合及び利益積立金額が異動した場合（法令9一及び六によるものを除く。）に
　　　はそれを調整します。

　税法の解釈として、「減算」とは引いて引ききれないときは答えが負となるこ
とを意味し、「控除」とは引いて引ききれないときは答えが零となることを意味
しています。

　なお、上記算式の分数式部分の割合については、残余財産を分配する法人が
株主等である法人に対して通知することとされています。そのため、残余財産
の分配を受けた株主等は自らこの割合を算出する必要はなく、発行法人からの
通知に従い自らが所有する発行法人の有価証券の帳簿価額に乗じて譲渡原価を
算出します。

（分配財産の価額－みなし配当相当額）－有価証券の帳簿価額×通知による割合＝譲渡損益

　例えば、残余財産の分配直前の有価証券の帳簿価額が1,000であるときに、

発行法人から残余財産の一部分配として500の金銭の交付を受け、内150がみなし配当に該当している場合において、発行法人から通知を受けた割合を0.30とします。

　有価証券の譲渡原価は、分配直前の有価証券の帳簿価額1,000に割合である0.30を乗じた300となります。そして譲渡対価は、交付金銭の額500からみなし配当相当額150を控除した350となりますから、50の譲渡利益が生じたことになります。

（500円－150円）－1,000円×0.30＝50円

（借）現預金	500	（貸）有価証券	300
		みなし配当	150
		譲渡利益	50

②　割合の計算

　残余財産の一部の分配を行った法人の簿価純資産価額がマイナス（債務超過）となっている場合や残余財産の分配法人の資本金等の額がマイナスとなっているケースも考えられます。このような特殊な場合には計算が不能となる状況が生じる場合もあるため、計算における一定の約束事が設けられていますので、各ケースごとにその計算例を挙げてみます。

イ　資本金等の額が零以下の場合

　残余財産の一部分配直前の資本金等の額が零以下の場合には、資本金等の額からの分配がないものとして計算する必要があります。そのため、分配直前の資本金等の額が零以下となっている場合には、割合を零として計算することとされており、その結果として譲渡原価の額は零となります。

　なお、この場合には残余財産の一部分配により交付を受けた金銭等の額の全額がみなし配当となりますから、有価証券の譲渡損益は生じないことになります。

　例えば、分配直前の有価証券の帳簿価額が1,000であるときに、発行法

人から残余財産の一部分配として500の金銭の交付を受け、その全額がみなし配当に該当している場合において、発行法人から割合を0.00として通知を受けたとします。

　有価証券の譲渡原価は、分配直前の有価証券の帳簿価額1,000に割合である0.00を乗じた零となります。そして譲渡対価は、交付金銭の額500からみなし配当相当額500を減算した零となりますから、譲渡損益も零になります。

（500円－500円）－1,000円×0.00＝0円

（借）現預金　　　　500　　（貸）みなし配当　　　　500

ロ　債務超過会社で資本金等の額が零を超えている場合

　残余財産の一部分配直前の資本金等の額が零を超えている法人で前期末簿価純資産価額が零以下（債務超過）である場合には、割合計算の分子がプラス、分母がマイナスとなり計算が不能となります。そこで、このような場合には、割合を1として計算することとしています。

　そのため、このような状況にあるときは発行法人に対する有価証券の帳簿価額の全額が譲渡原価となり、分配により交付を受けた金銭等の額からみなし配当相当額を控除した金額を譲渡対価の額として譲渡損益を算出します。

　例えば、残余財産の一部分配直前の有価証券の帳簿価額が1,000であるときに、発行法人から残余財産の一部の分配として500の金銭の交付を受け、みなし配当が零である場合において、発行法人から割合を1として通知を受けたとします。

　有価証券の譲渡原価は、分配直前の有価証券の帳簿価額1,000に割合である1を乗じた1,000となります。そして譲渡対価は、交付金銭の額500となりますから、譲渡損失500が生じることになります。

500円－1,000円×1＝△500円

| （借）現預金 | 500 | （貸）有価証券 | 1,000 |
| 譲渡損失 | 500 | | |

ハ　前期期末時から残余財産の分配直前までの間に資本金等の額又は利益積立金額が異動した場合

　割合計算の分母の金額は、残余財産の分配を行った法人の前期期末時（残余財産の分配の日の属する事業年度の前事業年度終了の時（その終了の時から分配の日までの間に仮決算に基づく中間申告書の提出があった場合にはその中間申告期間終了の時））の資産の帳簿価額から負債の帳簿価額を減算した金額とされています。

　ただし、前期期末時から残余財産の分配の直前の時までに資本金等の額又は利益積立金額（法令9一及び六に掲げる金額を除きます。）が増加又は減少した場合には、増加した金額を加算し、減少した金額を減算して調整します。

　これは、前期期末時から残余財産の分配の直前までに再編やみなし配当事由により資本金等の額や利益積立金額が異動する場合があり、この異動による金額は決算手続を経なくてもその異動する金額が明らかであることから、計算の正確性を期すために調整を加えることとされています。

(2)　残余財産の全部分配の場合

　残余財産の全部が分配された場合には、清算結了により法人は消滅します。

　そのため、残余財産の全部の分配の場合には、清算結了する法人の有価証券の帳簿価額の全額を譲渡原価として計算しなければならないことから、その割合を1として譲渡損益の計算をします。

　残余財産の全部の分配に際してみなし配当があるときは、残余財産の価額からみなし配当を控除した金額が有価証券の譲渡対価の額となり、その時点における発行法人の有価証券の帳簿価額の全部を譲渡原価として譲渡損益を算出します。

そのため、残余財産の全部の分配を受けた場合の譲渡損益に係る仕訳は次のようになります。

（借）現預金	×××	（貸）有価証券	×××
		みなし配当収益	×××
［譲渡損失	×××又は	譲渡利益	×××］

6 出資等減少分配

　出資等減少分配とは、投資法人が行う金銭の分配のうち、投資法人の出資総額又は出資剰余金の額から控除される金額があるものとされています（法法23①二、法規8の4）。

　出資等減少分配により金銭等の払戻しを受けた場合には、投資法人に対する投資口の一部譲渡として譲渡損益の計算を行います。

　この場合の有価証券の譲渡対価の額は、払戻しを受けた金銭等の額からみなし配当となる金額を控除した金額となり、譲渡原価となる金額は払戻し直前の投資法人に対する投資口の帳簿価額に出資等減少分配の日の属する事業年度の前事業年度終了の時の簿価純資産価額に占める出資総額控除額及び出資剰余金控除額の合計額から出資等減少分配により増加する一時差異等調整引当額を控除した金額の占める割合を乗じて計算した金額となります。（法令23①五、119の9①二）。

出資等減少分配直前の
有価証券の帳簿価額 × $\dfrac{\text{出資等減少分配により増加する出資総額控除額及び出資剰余金控除額の合計額から出資等減少分配により増加する一時差異調整引当額を控除した金額}}{\text{出資等減少分配の日の属する事業年度の前事業年度終了の時の資産の帳簿価額から負債の帳簿価額を減算した金額}}$ ＝譲渡原価

税法の解釈として、「減算」とは引いて引ききれないときは答えが負となることを意味し、「控除」とは引いて引ききれないときは答えが零となることを意味しています。

　なお、上記算式の分数式部分の割合については、資本の払戻しを行った法人が株主である法人に対して通知することとされています。そのため、資本の払戻しを受けた株主等は自らこの割合を算出する必要はなく、発行法人からの通知に従い自らが所有する発行法人の有価証券の帳簿価額に乗じて譲渡損益を算出します。

7　自己株式の取得

　株主である法人が発行法人に対してその発行法人の株式を譲渡した場合でも、有価証券の譲渡であることに変わりありません。

　一般的な有価証券の譲渡であれば、その対価として交付を受けた金額を譲渡対価とし、譲渡直前の株式の帳簿価額を譲渡原価として譲渡損益を算出します。しかし、発行法人に対する有価証券の譲渡の場合にはみなし配当事由に該当することから、みなし配当が生じた場合には譲渡により交付を受けた金銭等の額からみなし配当となる金額を控除した残額が譲渡対価の額となります。

　そのため、発行法人に対してその発行法人の株式を譲渡した場合の譲渡損益に係る税務上の仕訳は次のようになります。

（借）現預金	×××	（貸）有価証券	×××
		みなし配当収益	×××
［譲渡損失	×××又は	譲渡利益	×××］

8 出資の消却等

　持分会社が行う出資の消却、出資の払戻し、社員その他法人の出資者の退社又は脱退による持分の払戻しその他株式又は出資を発行した法人が取得することなく消滅させるという事由に該当したときは、出資者である法人にあっては有価証券の譲渡に該当します。

　これは発行法人による出資の消却や出資の払戻し等となりますから、それにより交付を受ける金銭等の額にはみなし配当が生ずることがあり、みなし配当が生じた場合には譲渡により交付を受けた金銭等の額からみなし配当となる金額を控除した残額が譲渡対価の額となります。

　そのため、発行法人が出資の消却や払戻し等を行った場合の譲渡損益に係る税務上の仕訳は次のようになります。

（借）現預金　　　×××　　（貸）有価証券　　　　　×××
　　　　　　　　　　　　　　　　　みなし配当収益　　　×××
　　　［譲渡損失　　×××又は　　譲渡利益　　　　　　×××］

9 組織変更

　会社法の規定による組織変更とは、株式会社が持分会社となること又は持分会社が株式会社となることをいうとされています。

　株式会社が持分会社となる組織変更にあっては、組織変更後の持分会社の社

員の氏名等を組織変更計画で定める必要があります（会社法744①三）。その際、株式会社の株主等を組織変更後の持分会社の社員とせず金銭等を交付するときは、その内容（金銭であるか社債であるかなど）を組織変更契約において定めることとされています。

　また、持分会社が株式会社となる組織変更にあっても、持分会社の社員に割り当てる株式の数やその算定方法、また、旧持分に代わる金銭等を交付するときはその内容等を組織変更計画で定めることとされています（会社法746①五）。

　このように、組織変更に当たって、旧組織の株主等は保有していた有価証券が消滅し、その対価として新組織の法人の株式等又は株式等以外の財産が交付されます。

　したがって、組織変更があった場合には、その組織変更をした法人の株主等においては有価証券の譲渡に該当することになります。

　しかし、組織変更に際しての有価証券の譲渡の場合には、その対価として組織変更後の法人の株式等のみが交付された場合と、株式以外の資産が交付された場合では譲渡損益の計算に違いがあります。

(1)　組織変更後の法人の株式等のみが交付された場合

　組織変更に際して組織変更後の法人の株式又は出資のみが交付された場合には、みなし配当は生じませんが有価証券の譲渡として取り扱われます（法法61の2⑬）。

　この場合には、旧組織の株式等の帳簿価額を、交付を受けた新組織の株式等の取得価額に付け替えることにより譲渡損益は生じません。

　そのため、組織変更により組織変更後の法人の株式のみの交付を受けたときは次のようになります。

（借）	組織変更後の法人が発行した有価証券	×××	（貸）	組織変更前の法人が発行した有価証券	×××

⑵ 組織変更後の法人の株式等以外の資産が交付された場合

　組織変更に際して組織変更後の法人の株式又は出資以外の資産が交付された
ときには、その組織変更により交付を受けた金銭等及び金銭以外の資産の価額
の合計額が直前の資本金額を超える場合のその超える部分の金額がみなし配当
となります。

　そして、組織変更前の株式等を譲渡してその対価として金銭等の交付を受け
たことになりますが、その交付を受けた金銭等の中にみなし配当が生じている
ときは、交付を受けた金銭からみなし配当の額を控除した残額が有価証券の譲
渡対価の額となります。

　そのため、組織変更により組織変更後の法人等の株式以外の資産の交付を受
けたときの税務上の仕訳は次のようになります。

　（借）現預金　　　××× 　　（貸）有価証券　　　　　×××
　　　　　　　　　　　　　　　　　みなし配当収益　　　×××
　　　［譲渡損失　　　×××又は　　譲渡利益　　　　　　×××］

10 完全支配関係法人の場合

　みなし配当事由により金銭等の交付を受けた場合には、前記1の合併から9
の組織変更までで解説したとおり有価証券の譲渡損益の計算を行うこととされ
ています。

　この譲渡損益の計算において、完全支配関係がある内国法人からのみなし配
当事由による金銭等の交付である場合には、譲渡対価の額は譲渡原価の額に相
当する金額とすることとされ、譲渡損益が生じないこととされています（法法
61の2⑰）。

　しかし、交付金銭等の額とみなし配当の額及び譲渡原価の額との合計額と交

付を受けた金銭等の額とが一致するのもではありませんから、仕訳上差額が生じますが、この生じた差額は資本金等の額の増減として処理することになります（法令8①二十二）。

　具体的には、みなし配当とされる金額と法人税法第61条の2第17項の規定により同条第1項第1号の譲渡対価とされる金額（譲渡原価の額と同額）の合計額から、交付を受けた金銭等の額を減算した金額を資本金等の額から減算することとされています。つまり、譲渡利益の額についてはその譲渡利益の額を資本金等の額に加算し、譲渡損失の場合にはその譲渡損失の額を資本金等の額から減算することになります。

交付を受けた金銭等の額	×××／みなし配当額	×××
	譲渡原価	×××
（資本金等の額	×××又は資本金等の額	×××）

第12章

みなし配当に
対する
源泉徴収

1 所得税法における配当所得

　所得税法第24条において、「配当所得とは、法人（公益法人等及び人格のない社団等を除きます。）から受ける剰余金の配当（株式又は出資に係るものに限るものとし、資本剰余金の額の減少に伴うもの並びに分割型分割によるもの及び株式分配を除きます。）、利益の配当、剰余金の分配（出資に係るものに限ります。）、投資信託及び投資法人に関する法律第137条の金銭の分配（出資等減少分配を除きます。）、基金利息（保険業法第55条第１項に規定する基金利息をいいます。）並びに投資信託（公社債投資信託及び公募公社債等運用投資信託を除きます。）及び特定受益証券発行信託の収益の分配（法人税法第２条第12号の15に規定する適格現物分配に係るものを除きます。）に係る所得をいう。」とされています。

　また、同法第25条では、「法人の株主等が当該法人の次に掲げる事由により金銭その他の資産の交付を受けた場合において、その金銭の額及び金銭以外の資産の価額（適格現物分配に係る資産にあっては、当該法人のその交付の直前の当該資産の帳簿価額に相当する金額）の合計額が当該法人の資本金等の額のうちその交付の基因となった当該法人の株式又は出資に対応する部分の金額を超えるときは、この法律の規定の適用については、その超える部分の金額に係る金銭その他の資産は、所得税法第24条第１項に規定する剰余金の配当、利益の配当、剰余金の分配又は金銭の分配とみなす。」とされています。

① 法人の合併（適格合併を除きます。）

② 法人の分割型分割（適格分割型分割を除きます。）

③ 法人の株式分配（適格株式分配を除きます。）

④ 法人の資本の払戻し（株式に係る剰余金の配当（資本剰余金の額の減少に伴うものに限ります。）のうち、分割型分割によるもの及び株式分配以外のもの並びに出資等減少分配をいいます。）又は当該法人の解散による残余財産の分配

⑤　法人の自己の株式又は出資の取得（金融商品取引所の開設する市場における購入による取得その他一定の取得を除きます。）

⑥　法人の出資の消却（取得した出資について行うものを除きます。）、法人の出資の払戻し、法人からの社員その他の出資者の退社若しくは脱退による持分の払戻し又は法人の株式若しくは出資を法人が取得することなく消滅させること。

⑦　法人の組織変更（当該組織変更に際して当該組織変更をした当該法人の株式又は出資以外の資産を交付したものに限ります。）

　なお、平成30年度において無対価での組織再編成に関して法人税の規定が整備され、同時に所得税法第25条第2項で株式の交付が省略されたと認められる合併等については株式の交付を受けたものとして上記の規定を適用する旨の規定が追加されました。

　このように、配当所得の概念及びみなし配当の概念については、法人税法と所得税法は同じ規定ぶりとなっています。

2　源　泉　徴　収

　配当所得に対しては、基本的に配当等を支払う法人に対して源泉徴収義務が課されています（所法181、212）。

　そのため、通常の利益の配当に限らず、法人がみなし配当事由により金銭等を交付した場合でも、みなし配当となる部分の金額があるときは、そのみなし配当となる部分の金額に対して源泉徴収をする必要があります。

　この場合、みなし配当が上場株式等に係るものかどうかやみなし配当を受ける株主等の形態によりその源泉徴収の税率が異なり、おおむね次のようになります。

　なお、非居住者又は外国法人にあっては、租税条約の適用があるときは、その租税条約に基づく制限税率が適用されます。

株主の形態 株式等の形態	居住者 (個人)	内国法人	非居住者	外国法人
上場株式等に係るみなし配当	15.315% (他に地方税5%)	15.315%	15.315%	20.42%
上場株式等以外に係るみなし配当	20.42%	20.42%	20.42%	20.42%

(注) 税率については復興特別所得税を含んでいます。

3 適格現物分配に係るみなし配当に対する源泉徴収

　所得税法第24条では、上記1のように、「法人（公益法人等及び人格のない社団等を除きます。）から受ける剰余金の配当（株式又は出資に係るものに限るものとし、資本剰余金の額の減少に伴うもの並びに分割型分割によるもの及び株式分配を除きます。）、利益の配当、剰余金の分配（出資に係るものに限ります。）、投資信託及び投資法人に関する法律第137条の金銭の分配（出資等減少分配を除きます。）、基金利息（保険業法第55条第1項に規定する基金利息をいいます。）並びに投資信託（公社債投資信託及び公募公社債等運用投資信託を除きます。）及び特定受益証券発行信託の収益の分配」を配当所得としていますが、「法人税法第2条第12号の15に規定する適格現物分配に係るものを除く」とされ、適格現物分配により交付を受けた資産の価額の中にみなし配当となる金額が生じたとしても、配当に対する源泉徴収は必要ありません。

　これは、金銭以外の資産の帳簿価額による分配ができるにもかかわらず、配当源泉が必要となれば、被現物分配法人から、源泉税相当額の金銭を受け取るか、現物分配法人が源泉税相当額を金銭により追加で分配しなければならないことになり、このようなわずらわしさを解消するため源泉徴収は不要とされています。

4 復興特別所得税の源泉徴収

　東日本大震災からの復興のための施策を実施するために必要な財源の確保に関する特別措置法が平成25年1月1日から施行されています。

　これにより、所得税の源泉徴収義務者は、平成25年1月1日から令和19年（2037年）12月31日までの間に生ずる所得について源泉所得税を徴収する際、復興特別所得税を併せて徴収し、源泉所得税の法定納期限までに、その復興特別所得税を源泉所得税と併せて納付しなければならないこととされています。

　そのため配当所得に対して源泉徴収を行う場合に復興特別所得税を併せて源泉徴収し納付することになります。

　復興特別所得税の額は所得税額に対して2.1％の税率を乗じて計算した金額とされていますが、支払金額に対して所得税と復興特別所得税とを個々に乗じるのではなく、一括して乗ずることとされています。

　配当に対する所得税の税率は、7％、15％又は20％ですが、復興特別所得税が課税される平成25年1月1日から令和19年12月31日までの間に支払う配当に対して、7％については7.147％（7×1.021）、15％については15.315％（15×1.021）、20％については20.42％（20×1.021）を配当の支払額に乗じて（1円未満の端数が生じたときはその端数は切り捨てます。）、算定した所得税及び復興特別所得税を源泉徴収することになります。

第13章

外国法人から
受ける
みなし配当

1 外国法人からのみなし配当の額の算出について

　内国法人に限らず、外国法人の合併、分割型分割、資本の払戻しや解散による残余財産の分配、自己株式の取得などのみなし配当事由（法法24①各号の規定）により金銭等の交付を受ける場合がありますが、このようなときもみなし配当の規定の適用があり、その計算を行うことになります。

　内国法人からみなし配当事由により金銭等の交付を受けたときは、発行法人が１株当たりのみなし配当の額や株式の譲渡損益の計算の基礎となる割合など一定の金額や数値を株主に対して通知する義務が課されており、その義務に基づく通知により株主側では基本的にみなし配当の額の認識及び受取配当等の益金不算入の適用、株式の譲渡損益の計算など適正な処理が行われることになります。

　ところで、前述のように外国法人から法人税法第24条第１項各号に規定する事由により金銭等の交付があった場合には、株主である内国法人においては国内の法人からの金銭交付等と同様にみなし配当の額を計算するとともに有価証券の譲渡損益を計上しなければなりません。

　しかし、外国法人が我が国のみなし配当事由による金銭等の交付をしたとしても、その国においてみなし配当が生ずるということは基本的にないでしょうから、特に外国法人がみなし配当の額の計算はしていないことになります。そうすると、株主である内国法人が自らの計算において我が国の規定に従ってみなし配当となる金額を算出し、株式の譲渡損益を計算して申告することになります。このみなし配当の額の計算要素となっている金額は、資産の帳簿価額、負債の帳簿価額、資本金等の額などがありますが、法人税法第24条及び法人税法施行令第23条の各規定に定められているこれらの金額はその法人の貸借対照表に計上された金額ではなく、あくまでも税務上の金額となりますので注意が必要です。我が国の法人における税務上の資産の帳簿価額とは貸借対照表に計上された資産の帳簿価額に別表五㈠の利益積立金額の計算に関する明細書に計

上されている資産に係る税務否認金額を加減算した金額となり、また、税務上の負債の帳簿価額も同様に貸借対照表に計上されている負債の帳簿価額に別表五(一)の利益積立金額の計算に関する明細書に計上されている負債に係る税務否認金額を加減算した金額となります。

さらに、税務上の資本金等の額についても基本的には別表五(一)の資本金等の額の計算に関する明細書に記載された額となります。

しかし、我が国の法人がその大部分を支配している海外子会社は別として、少数株主として株式を保有しているような外国法人にあっては、これらの資産の帳簿価額や負債の帳簿価額又は資本金等の額の正確な金額を捉えることは不可能に近いのではないかと思われます。また、100%子会社であっても、設立当初から完全子会社であった法人ならともかく、外国法人を中途で買収したような場合には、買収前の資本金等の額はその時点で貸借対照表に計上されている金額しか確認できないものと思われます。

このような状況の中で外国法人からみなし配当事由による金銭等の交付を受けたときに、みなし配当の額を法人税法の規定に従い厳格、かつ、正確に計算できるかという問題があります。上記のような状況にある少数株主や中途で買収した海外法人の国内親法人にあっては、その時点で判明している資産・負債の税務否認額や、解明できている税務上の資本金等の額に基づき、みなし配当となる金額を算出し税務の計算に反映するしか方法がないと思われます。

そのため、外国法人からみなし配当事由による金銭等の交付があった場合には、その時点で最大の努力をしたとした場合に判明する資産の帳簿価額、負債の帳簿価額及び資本金等の額に基づき、みなし配当の額を算出している限り、基本的にそれが容認されることになると考えます。

2 みなし配当事由の該当性について

外国法人から金銭等が交付された場合に、その交付が現地のどのような事由

によるものなのかを把握し、その交付の原因となった現地の法律行為が日本の
みなし配当事由によるものであるときは、交付を受けた金銭等の額のうち、み
なし配当となる部分の金額を算出する必要があります。

(1)　合　　　併

　外国で再編が行われた場合に、それが我が国における合併に当たるのかどう
かの判断が難しいケースもあるでしょう。我が国における合併の本質的要素と
して、次の要件が挙げられます。

　　①　法人が有する権利義務の全部が、既存会社又は新設会社に会社法等の法
　　　令の規定により、包括的に承継されること
　　②　移転法人は、会社法等の規定により、清算手続を経ることなく、自動的
　　　に解散し、消滅すること

　そのため、外国において、我が国における合併と同様の法制度がある場合
（例えば、米国デラウエア州、ドイツ、フランス及びシンガポールの会社法に
基づく合併並びにカナダの会社法に基づく Amalgamation）で、その制度に基
づき行われた再編行為であれば、合併として我が国の法人税法を適用していく
ことになります。そして、適格合併の要件を満たすものである時はみなし配当
は生じませんが、非適格合併となるときはみなし配当の額を算出してその処理
をすることになります。

　しかし、各国においては我が国の合併と同様の法制度となっていない場合や
そもそも合併制度そのものがない国も存在し、このような国において実質的に
二つの法人を一体とする合併と同様の効果を持たせる他の法律行為を選択した
ときに、それを我が国の合併と同視して取り扱うかどうかという問題がありま
す。そこで、このように我が国の合併制度と異なる制度の国や合併制度が実質
的にない国において、その法人又は親法人の意思として本来は合併を行いたい
が取り得る法制度により実質的に合併と同様の効果を持たせるために行った他
の法律行為であっても、実質的に合併とみることが可能ではないかと考えられ
ます。そこで、我が国の合併と異なる法制度を有する国又は合併そのものの法

制度が実質的にない国においては、次の要件を満たすときはそれを合併として取り扱うことになると思います（公益社団法人　日本租税研究協会、国際的組織再編等課税問題研究会「外国における組織再編成に係る我が国租税法上の取扱いについて」より）。

① 　資産及び負債の全部が移転すること

② 　資産及び負債の全部を移転した法人は移転後速やかに解散すること

③ 　資産・負債の移転に伴い、移転法人の株主等に移転を受けた法人の株式等が交付されること

④ 　当事者間の契約のみならず、上記①から③について、裁判所等の許可、当事者以外の機関による一定の法的手続を経て行われること

　　上記の法的手続はその国の公的機関によるものが望ましいと考えられるが、上記①から③を一体として行う計画があることを前提として行われる株主総会の決議をもってこれに代わるものとすることも可能

　この実質論を用いた場合には、例えばイギリスの事業の全部譲渡による統合行為（非公開会社であって、上記①から④の要件を満たすもの。）は合併として取り扱うことになるでしょう。

(2)　分 割 型 分 割

　外国で再編が行われた場合に、それが我が国における分割に当たるのかどうかは判断が難しいケースもあるでしょう。我が国における分割の本質的要素として、次の二つが必要であると考えられます。

① 　事業に関して有する権利義務の全部又は一部が既存会社又は新設会社に会社法等の法令の規定により包括的に移転すること

② 　移転法人は別途解散・清算の手続が取られない限り、自動的に消滅しないこと

　そのため、外国において、我が国における分割と同様の法制度がある場合には、その制度に基づき行われた再編行為であれば、分割として我が国の法人税法を適用していくことになります。そして、適格分割型分割の要件を満たすも

のである時はみなし配当は生じませんが、非適格分割型分割となるときはみなし配当の額を算出してその処理をすることになります。

　しかし、国によっては我が国の分割と同様の法制度となっていない場合やそもそも分割制度そのものがない国も存在し、このような国において実質的に分割と同様の効果を持たせる他の法律行為を選択したときに、それを我が国の分割と同視して取り扱うかどうかという問題があります。そこで、このように我が国の分割制度と異なる制度の国や分割制度が実質的にない国において、その法人又は親法人の意思として本来は分割を行いたいが取り得る法制度により実質的に分割と同様の効果を持たせるために行った他の法律行為であっても、実質的に分割とみることが可能ではないかと考えられます。

　そこで、我が国の分割と異なる法制度を有する国又は分割制度そのものがない国においては、次の要件を満たすときはそれを分割として取り扱うことになると思います。

　①　資産及び負債の全部又は一部が移転すること

　②　資産及び負債を移転した法人は移転後も存続すること

　③　移転法人が移転資産等の対価として移転を受けた法人の株式等の交付を受け、それを直ちに当該移転法人の株主等に交付すること

　④　当事者間の契約のみならず、上記①から③について、裁判所の許可等、当事者以外の機関による一定の法的手続を経て行われること

　上記の法的手続はその国の公的機関によるものが望ましいですが、①から③を一体として行う計画があることを前提として行われる株主総会の決議をもってこれに代わるものとすることも可能と考えます（公益社団法人　日本租税研究協会、国際的組織再編等課税問題研究会「外国における組織再編成に係る我が国租税法上の取扱いについて」より）。

　この実質論を用いた例としては、米国は会社分割法制がありませんが、いわゆるスピン・オフとして行われるもので上記③及び④の要件を満たすときは分割として取り扱われます。

　なお、この日本租税研究協会で公表した取扱いは、基本的にグループ内再編

の一環として行われる分割を前提としていました。平成29年度税制改正において単独新設分割型分割で分割前に行う事業を新たに設立する分割承継法人において独立して行うための分割として、スピンオフが組織再編税制に創設されたことから、スピンオフを行う法人の株主に支配株主がいない場合にも適格分割として扱われる可能性があり、アメリカにおけるスピンオフにより適格分割となる範囲が広がったものと考えます。

(3) 資本の払戻し

資本の払戻しとは資本剰余金の額の減少に伴う剰余金の分配をいいますから、外国法人から剰余金の分配が行われた場合、その原資が資本剰余金であるか利益剰余金であるかは株主側において一般的に判明するものと思われます。

そのため、外国法人からの資本の払戻しについて、その判定における困難性は少ないものと思います。

(4) 残余財産の分配

外国法人が解散し残余財産を分配した場合には、株主側においてそれが残余財産の分配であることは容易に判明するものと思います。

そのため、外国法人から残余財産の分配を受けた場合の判定における困難性は少ないものと思います。

(5) 自己株式の取得

外国法人が発行した株式を有している場合に、その株式が発行法人に取得された場合には自己株式の取得としてみなし配当事由に該当すると認識することについて特に問題はないものと思います。

そのため、外国法人であっても、株式が発行法人に対して譲渡されたか否かの判定における困難性は基本的にないものと思います。

⑹ 出資の消却等

　自己株式の取得と同様に出資の消却等についての認識は特に問題がないものと思います。

　そのため、外国法人であっても、出資の消却等が行われた場合の判定における困難性は基本的にないものと思います。

3 みなし配当等の円換算

　外国法人からみなし配当事由により金銭等の交付を受けた場合で、みなし配当の計算を行うときに、その交付を受けた金銭の額が外国通貨であるときは最終的に円貨の額に換算しなければなりません。

　外国法人はその所在する国の通貨により貸借対照表等が記帳されているものと考えられます。そのため、外国法人が会計帳簿に使用している外貨ベースの金額に基づきみなし配当の額及び有価証券の譲渡対価の額を算出し、算出された外貨ベースのみなし配当の金額や有価証券の譲渡対価の額をその配当受領日の為替レートにより円換算するのが相当と考えます。この場合の円換算については、法人税基本通達13の2-1-2又は13の2-1-3に基づき行うことになります。

4 外国子会社からのみなし配当益金不算入

　外国子会社からみなし配当事由による金銭等の交付を受けた場合に、そのみなし配当となる金額の支払義務が確定する日（法人税法第24条第1項第1号合併、第4号解散による残余財産の分配、第5号自己株式の取得、第6号出資の消却等、第7号組織変更にあってはその日の前日）以前6月以上発行済株式等

の25％以上の株式等を継続して保有している場合には、その外国子会社から受ける配当等の額については益金不算入の規定の適用があります（法法23の２、法令22の４①）。

　ただし、発行済株式等の25％に満たない株式を保有している外国法人であっても、その外国法人が特定外国子会社等に該当するときは、みなし配当の額について特定課税対象金額に達するまでの受取配当の額を益金不算入とすることができます（措置法66の８）。

《著 者 紹 介》

諸星健司（もろほし けんじ）

中央大学経済学部卒
国税庁消費税課、東京国税局調査第一部調査審理課、
東京国税不服審判所を経て、現在税理士

〔主な著書〕
「法人税・消費税等の経理処理実務」、「法人税・消費税修正申告の実務」、
「事例詳解　資本等取引をめぐる法人税実務」、「グループ法人税制と申告調
整実務」、「会計基準と税務処理の重要ポイント」（以上税務研究会）、「関係
会社間の税務」（税務経理協会）、「設例でわかる法人税申告調整の実務ポイ
ント」（中央経済社）

本書の内容に関するご質問は、FAX・メール等、文書で編集部宛にお願い
いたします。ご照会に伴い記入していただく個人情報につきまして
は、回答など当社からの連絡以外の目的で利用することはございませ
ん。当社の「個人情報の取扱いについて」（https://www.zeiken.co.jp/
privacy/personal.php）をご参照いただき、同意された上でご照会く
ださいますようお願い致します。
FAX：03-6777-3483
E-mail：books@zeiken.co.jp
なお、個別のご相談は受け付けておりません。

〈第3版〉
みなし配当をめぐる法人税実務

平成24年10月20日　初版発行　　　　　　　（著者承認検印省略）
令和4年11月30日　第3版第1刷発行

©著者　諸　星　健　司
発行所　税　務　研　究　会　出　版　局
週刊「税務通信」「経営財務」発行所
代表者　山　根　　　毅
郵便番号100-0005
東京都千代田区丸の内1-8-2（鉄鋼ビルディング）
https://www.zeiken.co.jp

乱丁・落丁の場合は、お取替え致します。　　印刷・製本　奥村印刷株式会社
ISBN978-4-7931-2728-1